中华水文化与哲学思想研究

朱慧玲◎著

线装书局

图书在版编目（CIP）数据

中华水文化与哲学思想研究/朱慧玲著.--北京：
线装书局，2024.1
ISBN 978-7-5120-5945-0

Ⅰ.①中… Ⅱ.①朱… Ⅲ.①水－文化－哲学思想－
研究－中国 Ⅳ.①K928.4②B2

中国国家版本馆 CIP 数据核字(2024)第 046232 号

中华水文化与哲学思想研究
ZHONGHUA SHUI WENHUA YU ZHEXUE SIXIANG YANJIU

作　　者：朱慧玲
责任编辑：贾彩丽
出版发行：线装书局
　　　　　地　址：北京市丰台区方庄日月天地大厦 B 座 17 层（100078）
　　　　　电　话：010-58077126（发行部）010-58076938（总编室）
　　　　　网　址：www.zgxzsj.com
经　　销：新华书店
印　　制：北京四海锦诚印刷技术有限公司
开　　本：787mm×1092mm　1/16
印　　张：11
字　　数：203千字
版　　次：2024年1月第1版第1次印刷
定　　价：88.00 元

线装书局官方微信

前　　言

　　水，作为生命的源泉，在中华文化中拥有深厚的文化内涵与哲学意义，启发中国智者对人生的深入思考，形成独特的水文化。随着水资源重要性的日益凸显，我们需要明确水文化在人类文明进程中独特的地位和价值，激发人们对水文化的关注和热爱，进一步推动中华水文化的传承与发展。

　　基于此，本书围绕中华水文化与哲学思想展开研究，首先阐述中华水文化的界定及其价值，内容包括中华水文化的界定、中华水文化的演变历程、中华水文化的架构、中华水文化的定位及价值；其次分析中华水文化资源管理与应用，内容涉及中华水文化在水资源管理中的应用、中华水文化在水利事业中的应用、中华水文化在文化传播中的应用、中华水文化在信息资源管理中的应用；再次论述中华水文化的古代哲学思想，内容涵盖水文化与儒家思想、水文化与道家思想、水文化与先秦诸家思想；接着探讨中华水文化在多维视域下的哲学表现，包括绘画、书法、文学、音乐、茶文化和建筑艺术；然后研究生态文明思想下的中华水文化发展，内容涉及中华水文化的生态滋养、中华水文化的生态传承、生态文明思想与水文化建设的联系、水文化的高质量发展途径；最后探索中华水文化与旅游经济的融合发展，内容涵盖中华水文化的文创产品创意与设计、中华水文化在乡村旅游中的开发利用、中华水文化与旅游产业融合发展探索。

　　本书结构完整，覆盖范围广泛，层次清晰，在内容布局、逻辑结构、理论创新诸方面都有独到之处。本书可供广大中华水文化与哲学思想相关从业人员、高校师生与知识爱好者阅读使用，具有一定的参考价值。

　　本书在写作过程中，得到了许多专家、学者的帮助和指导，在此表示诚挚的谢意。由于笔者水平有限，加之时间仓促，书中内容难免有疏漏之处，希望各位读者多提宝贵的意见，以便笔者进一步修改，使之更加完善。

目 录

第一章 中华水文化的界定及其价值

第一节 中华水文化的界定

文化，是一个国家、一个民族、一项事业的灵魂和精神标志，是维系和支撑这个国家、民族、事业延续和发展坚韧的思想力量。文化可分为物质文化、精神文化和制度文化，三者相互依存而构成同心圆状的有机整体。水文化是人们在从事水务活动中创造的以水为载体的各种文化现象的总和，是民族文化中以水为轴心的文化集合体。"水是人类必不可缺的生命介质，其对中华民族发展具有决定性价值。"①

一、水文化的内涵

（一）水务活动是水文化的源泉

水务活动是指人与水在广泛的社会关系中所进行的各种活动，既包括人们对水的治理、开发、利用、配置、节约、管理、保护等创造物质财富的活动，也包括人们对水的认识、观赏和反映、表现水务活动创造精神财富的活动。水务活动反映水与人、与社会生活各方面联系的活动就形成以水为载体的各种文化现象，这些文化现象的总和就构成了水文化。因此，离开了人与水的联系，离开了水务活动，水文化就成了无源之水、无本之木。水务活动是创造和繁荣水文化的唯一源泉和深厚沃土。

（二）水文化是反映水务活动的社会意识

社会存在决定社会意识，社会意识反映社会存在。水务活动是一种客观的社会存在，人们对水务活动理性的思考，必然形成与之相适应的社会意识。这种社会意识主要表现为

---

① 聂之瑶. 中华水文化在文学作品中的体现研究 [J]. 灌溉排水学报，2023，42（08）：157.

水行业的文化教育、自然科学、技术科学；表现为与水相关的思想道德、价值观念、行为规范、组织机构和以水为题材创作的神话传说、民谣故事、诗词歌赋、绘画戏剧、文学艺术等社会意识形态。这些都是人类精神财富宝库中的璀璨明珠，都是反映水务活动的社会意识。

（三）水文化是人们对水务活动的理性思考

人们对水务活动的认识都有一个从感性到理性的认识过程。水文化就是人们对各种水务活动理性认识的结晶，即理性思考的结晶。理性思考就是对丰富多彩的水务活动从它的历史底蕴和现实活动，运用概念、判断、推理等思维方式，去探求事物内在的、本质的联系，从而形成的观念和思想。

对水务活动的这种理性思考的成果集中表现为对治水、管水、用水、保护水的经验总结和规律性的认识；表现为水利工作思路和水利方针政策；表现水利工程的法规、条例、办法等。这种理性思考的作用在于减少人们水务活动盲目性，提高自觉性和科学技术水平。

（四）水文化是一种先进文化

水文化同民族文化一样，都是一种历史的积淀，都有时代的烙印。不同时代的文化都是当时社会政治、经济状况的反映。不同的时代，都有当时的先进文化，即能促进社会生产力发展的文化。

作为中华民族文化组成部分的中国水文化发展到今天，是有中国特色社会主义文化的重要组成部分，对推进水利事业的发展发挥精神动力和智力支持的重要作用，也是先进文化的重要组成部分，应该大力发展，促进水文化的繁荣。

（五）水文化是以水为轴心的文化集合体

水文化是民族文化的组成部分，如同中国水利史是中国历史的组成部分一样。水文化是民族文化中以水为轴心的文化集合体，作为历史的积淀和社会意识的清泉，渗入社会心理的深层。整个人类文化、民族文化中处处都有水的印迹，处处都闪烁着水文化的光芒。我们可以用成语为例说明民族文化与水文化的关系。

二、水文化的特征

水文化作为人类在长期的治水实践中，对水的认识以及价值观念、思维选择的一种深刻反映，涵盖水与自然、水与人类、水与社会发展的方方面面，包括物质、精神、制度三大类形态。水文化不仅仅受自然条件、社会环境等因素制约，反之也会影响到自然生态以及社会整体的发展，具有强烈的自然属性、社会属性和人文属性。水文化具有以下特征：

（一）时代性

任何文化都是历史的积淀和传承，是当时社会政治、经济状况的反映，都有时代的烙印，不同历史时期的水文化有不同的特征。随着时代的演变，水文化发生了许多变化，具有时代性特征，具体表现在以下内容：

第一，水文化的时代性特征表现在它的演变与发展上。在古代，许多文明的发展与水有着密切的关系，例如，尼罗河对埃及文明的兴起起到了至关重要的作用，黄河和长江也在中国文明的发展中扮演着关键角色。然而，随着工业革命和城市化的兴起，水的用途发生了巨大的变化。水不仅用于灌溉农田，也用于工业生产和城市供水，这反映了现代社会对水资源的不同需求。

第二，水文化的时代性特征还体现在人们对水的态度和价值观上。在古代，水被视为神圣的，它在古老仪式中扮演着重要的角色，同时也被视为生命之源。然而，随着科技的发展和城市生活节奏的加快，人们对水的态度发生了变化。水逐渐被视为一种可替代的资源，而且经常被滥用和浪费，这引发了一系列的环境问题。因此，水文化的时代性特征包括了人们对水资源的不同认知和价值观。

第三，水文化的时代性特征还体现在艺术和文学作品中。在不同历史时期，水经常被用作文化表达的主题。古代的绘画和文学作品中常常描绘了水的宁静和神秘，而现代的作品则更加强调水资源的有限性和环境保护。这反映了不同时代的文化关注点和价值观。

水文化的时代性特征还表现在水资源管理和政策上。随着全球人口的增加和气候变化的影响，水资源管理变得日益重要。不同时代的政府和国际组织采取了不同的水资源管理政策，以适应当时的挑战。

（二）地域性

水文化的地域性特征是指不同地理环境和地域特点如何影响和塑造人们对水的认知、利用、崇拜以及相关的文化表现。地理环境、气候、地质条件和地域特色都在不同地区形成了独特的水文化，这反映了水资源在不同地方的重要性，以及人们如何与之互动。

第一，地理环境的影响。地理环境是地域性水文化的主要影响因素之一。在干旱地区，水可能是生存的关键，因此水在这些地方通常被视为珍贵的资源。这导致了节水的传统和仪式的形成，以确保水资源的合理使用。相比之下，湿润地区的水资源相对充裕，因此可能更容易引发与水相关的庆典活动。

第二，气候的作用。气候条件对水文化产生重要影响。在寒冷地区，冰与雪是主要水源，因此形成了冰雪节相关文化活动。而在炎热的气候下，水可能被视为冷却和清洁的重要资源，促使人们在炎热季节更加依赖和崇拜水。

第三，地质条件的多样性。地质条件也在不同地区塑造了水文化的多样性。在地质构造活跃的地区，温泉和矿泉水可能因地下水源而闻名，从而促进温泉文化和矿泉水的利用。地下水的质量和温度也会影响当地的传统疗法和热水浴等活动。

第四，地域特点的反映。地域特点包括地理特色、植被、野生动植物和地方传统等，都在地域性水文化中发挥重要作用。沿海地区的文化可能更侧重于捕鱼和海产品的利用，而山区地区可能更注重山泉水的特殊意义。这些地域特点与当地人的生活方式和经济活动密切相关。

第五，地域文化的传承。地域性水文化还受到历史和传统文化的影响。某些地方的文化传统可能包括与特定水源或水体有关的故事、传说和仪式。这些传承的文化元素形成了地域性水文化的核心，对当地社区的认同和凝聚力具有重要意义。

（三）社会性

水是人类文明的泉源，与人类社会的方方面面紧密联系，对人类社会的纵深发展、社会经济的进步等有重要影响，在此过程中所相伴产生的水文化仿若一面镜子，映射着人类文明的发展，呈现出广泛的社会性。水文化的社会性特征强调了水在社会中的角色和影响，以及人们如何与水建立联系、创造文化价值和形塑社会结构。社会性特征不仅涉及水在日常生活中的重要性，还包括了水对社会组织、政治权力、信仰以及社会团结的深刻影响。以下是对水文化的社会性特征的详细探讨。

第一，生活方式与社会结构。作为基本生存资源，水影响了人们的居住地点和生活方式。河流和湖泊的附近常常会有人口稠密的城市，而干旱地区则可能发展出以水资源为中心的社会结构，例如，沿着水源的农村社区。水资源的分布也可以影响社会层级和阶级制度，因为拥有水源的人可能会在社会中具有特权地位。

第二，农业和食品生产。水是农业的基础，而农业是社会经济的支柱。水文化通常与农业季节、灌溉系统和丰收仪式相关联。不同文化对于农业与水的关系有着不同的理解和仪式，这在社会中创造了特定的节庆和庆典。

第三，社会团结与共享价值观。在一些社会中，共享水资源是社会团结的象征。人们通过共同维护和分享水源来维护社会和谐。这种共享的文化传统促进社会团结和协作。

第四，政治权力与控制。控制水资源常常与政治权力直接相关。统治者通常会控制水源，以巩固自己的权力，并在社会中分配水资源。水的控制可以成为社会政治斗争的焦点，也可以引发社会动荡和革命。

第五，文化象征与艺术表现。水在文学、绘画、音乐和其他艺术形式中经常被用作象征，反映了社会对水的情感和文化表现。水在不同文化中可能代表生命、死亡、清洁、再生或情感的象征。

（四）工程性

水文化是一个跨越不同文明和历史时期的现象，与其紧密相关的是各种水工程。这些水工程不仅反映了人类对水资源的管理和利用，还承载了文化、社会和经济的重要功能。水文化的工程性特征在世界各地都有独特表现，而这些工程项目则对文明的兴衰、城市的发展和社会的演变产生深远影响。

第一，水文化的工程性特征体现在灌溉系统中。古代文明的兴起常常伴随着灌溉工程的建设。灌溉系统不仅为农业提供了水资源，也促进城市的发展和商业的繁荣。灌溉工程的发展推动了社会的进步，同时也为文化和艺术的繁荣提供了基础。

第二，水文化的工程性特征体现在水运系统中。河流和港口的建设不仅促进商品的流通，也连接了不同地区的文明。古代的贸易路线常常遵循着河流和海港，这些水运系统成为文化和思想的交流渠道。中国的大运河是世界上最古老的人工运河之一，它将北方和南方连接在一起，促进经济的繁荣和文化的传播。

第三，水文化的工程性特征还体现在水利防洪系统中。不同文明都经历了自然灾害，如洪水和干旱。为了保护农田、城市和人民的生命财产，各种防洪工程被设计和建造。这些工程不仅反映了人类对自然环境的理解和应对能力，也塑造了社会和文化的特点。

第四，水文化的工程性特征也体现在文化遗产的保护和修复工程中。为了保护这些珍贵的文化遗产，各种修复和保护工程得以展开。这些工程项目不仅延续了文化传统，还为世界文化的多样性和丰富性作出贡献。

三、水文化的功能

水文化的功能主要是借助丰富人们的价值取向、精神生活、思维方式、美学欣赏等方式，从而使人们在各种形态的水文化下获得生理上和心理上的满足，进而在感受景观内涵、塑造独特品格、传承地域文化、提升审美情趣等方面切实感受水的价值，实现人水和谐。

（一）导向功能

从文化角度出发，强化对于人与自然、水的关系的深刻理解，努力实现人水和谐，对于社会整体的价值取向、行为规范具有极强的导向作用。水文化的导向功能，指的是水在文化中所起的引导和塑造作用。通过水文化潜移默化地渗透，可以提高全社会节水情感，培养科学的用水习惯，自觉遵守水法规，强化对水文化物质遗产、水文化非物质遗产等的保护，引导建立新型的水资源开发利用模式，进一步满足生态文明建设需要，使"天蓝、地绿、山青、水秀、人富"的山川秀美境界逐步实现。

（二）规范功能

水文化的规范功能，指的是水在社会和文化中所扮演的引导和规范作用。建设水文化，可以借助法律法规、条文规范等硬性规定以及道德规范、行为规范等情感约束两大方面内容进行外在强制性、内在约束性的规范，指导水事活动，为先进科技的研发与推广、水生态文明的打造提供良性的技术氛围和舆论氛围。

第一，环保与可持续性。水文化强调对水资源的尊重和保护，鼓励人们采取可持续的水资源管理措施。这包括减少水污染、节约用水、保护水源地和生态系统，以及对气候变化的适应。水文化的规范功能促使人们对环保和可持续性产生更多关注，促进对自然界的负责任态度。

第二，卫生和清洁。水文化常常与卫生和清洁有关。许多文化中，水被视为清洁和净化的象征，因此它对个人卫生和公共卫生有着深刻的规范作用。这促使人们在饮食、个人卫生和居住环境方面保持清洁，减少疾病的传播。

第三，社会团结和合作。水文化的规范功能还体现在社会团结和合作上。许多社会庆典和仪式与水有关，它们强调人们的共同参与和合作，促进社会凝聚力。例如，泼水节等庆典鼓励人们分享喜悦，增进友谊，强化社区关系。

第四，灾害减缓与适应。水文化对灾害减缓和适应措施产生影响。由于水可以带来洪水、干旱和海啸等自然灾害，因此水文化常常催生了相关的灾害管理计划和预防措施。人们在水文化的指导下学习如何适应不同水相关的灾害，包括建造防洪堤坝、制定旱灾计划等。

第五，道德和伦理。水文化中的一些传统故事和寓言具有道德和伦理意义。这些故事强调公平、正义、宽容和互助精神，通过与水相关的故事来教育人们正确的行为和价值观。例如，一些文化中有关保护水源的神话故事教导人们珍惜自然资源。

总之，水文化的规范功能对社会和文化产生了深远的影响。它鼓励人们采取环保措施、保持卫生、促进社会团结和合作、应对自然灾害，并传递道德和伦理价值观。水文化的规范功能有助于引导人们在与水有关的事务中采取负责任的行为，推动社会的可持续发展，并增进文化的传承和认同。

（三）凝聚功能

水作为重要的创作灵感与对象，人类在发展过程中既挖掘水的自然美，又凝练出山水画、山水园林、高山流水等传世佳作，意蕴深厚，在水人格化的过程中，水被逐渐赋予品行等，凝聚成一种情感化的水精神。

水文化的凝聚功能，指的是水在社会和文化中所扮演的促进团结和凝聚的作用。水精神作为民族精神的一个重要体现，逐步形成了管水用水、亲水爱水所特有的哲学与理论体系，构成了中华民族精神的重要组成。从古代的大禹治水，到近年的抗洪救灾过程中抗洪军民展示出崇高的抗洪精神，是水文化所具有的高度凝聚力展示，是不屈不挠、敢于牺牲的民族性格的实力彰显，是社会主义精神文明的继承弘扬。

（四）教育功能

水文化具有广泛的教育功能，是指通过教育和传播有关水的知识、价值观念和技能，以增进人们对水资源的理解、尊重和有效管理。因此，充分而全面地理解、掌握水文化的教育功能，有利于人们科学认知水、正确对待水、保护水环境、树立水意识，发挥正确意识对实践活动的引领价值。如在不同历史时期的管水治水实践中产生丰富的与水文化相关的科学文化知识、管水治水经验和法律法规、制度条例、大政方针、行为准则以及民约行规等，对于进行法制教育等具有重要意义。

水与人类社会息息相关，与水有关的意识形态等的深刻感悟以及非物质水文化遗产等，是中华民族在长期治水实践中的提炼与升华，渗透在人们的生产生活之中，同时通过水文化的宣传与弘扬，能够引起全社会对于水的关注、珍惜与保护，在对水的重要性和宝贵性认知的基础之上，进而爱护水资源、节约水资源、防治水污染、化解水危机，普及推广惜水爱水的水意识。

第二节 中华水文化的演变历程

一、萌芽时期

自从人类诞生以来，自然万物给人提供了生存资料。在远古人的视野里它们都是有灵魂和精神的，都具有各种神性和威力。尤其水给人类带来的祸福远远超过其他自然物，成为最早的自然崇拜对象之一。

黄河、长江被称为中华民族的母亲河，为中国的不同时期居民提供了重要的生存资源，并因此在文化中扮演了重要角色。人们将对水的自然崇拜与对待态度，谱写成一个个流传至今的神话传说，如大禹治水的神话故事反映了古代中国人民对于治理洪水的追求和探索，这个故事也传达了坚持不懈、舍小家为大家的家国情怀，以及尊重自然、因势利导的治水智慧。受神话传说的影响，我国古代治水专家在治水之前，往往会采取特定仪式来期盼治水成功。这一时期，古人对水灾害的巨大威力不可捉摸，只能归之于神灵的行为，对水的神秘力量自然而然地产生崇拜心理，想象出超人的水神、水伯、龙王、河神、海神等神灵。这些因水生人、水育万物的水神崇拜神话寄托着人类与大自然的抗争的无奈，也反映了人们在未充分认识和掌握人水相处规律的条件下，以传统、习俗、经验、常识、天意等自在因素来处理人水关系的自然主义思想，也再现了人们渴望人水关系和谐的心态，并渐渐形成了"以水为本，人水合一"的水伦理观念，从而引导人们对水的顶礼膜拜、敬畏河流、尊水顺天的行为。

二、形成时期

随着人类对水的认识不断加深，奉行"人定胜天"的思想，对江河的神灵和自然崇拜逐渐转化为对抗御水灾害英雄人物的崇拜。其中秦国郡守李冰父子修建的都江堰水工程，结合当地自然地貌和水流特征，采用无坝引水，布局合理，构思巧妙，秉承"乘势利导、因时制宜"的治水思想和先进的管理制度，科学的治河原则，对于后世治水提供给了重要的借鉴和指导作用。

历史记载的治水英雄，用他们的治水实践，向人们展示人类通过自身的力量，遵循自然规律，也能减少或减轻水灾害带来的损失。人们逐渐将崇拜的对象转向为他们治理水患、兴修水利的治水英雄，人们期待英雄能够兴利除害，并希望英雄能够保佑大家为民造福。这一时期，人们为治水英雄修建神庙，刻碑记功，并将对神的祈祷祈求转移到治水英雄。下面以秦汉、唐宋、明清时期的水利工程为例，解读不同时代水文化发展。

（一）秦汉时期的水利事业

1. 秦汉时期的农田水利

政治的统一为这一时期水利事业的发展提供了有利条件，至汉武帝时，水利建设达到了高潮，水利遍布各个地区。

（1）关中地区农田水利。

第一，郑国渠：战国末年秦国还在关中修建了大型水利工程郑国渠。工程由韩国水工郑国主持，自仲山西麓瓠口引泾水向东开渠与北山平行，注洛水，全长三百余里，灌溉面积号称四万顷。工程大约用了十几年的时间才完工。工程使得关中土地成为没有灾荒的良田。通过这两大工程，秦国变得富强，为之后统一六国奠定了良好的经济。

第二，龙首渠：早于六辅渠和白渠的龙首渠，开挖时间约在汉武帝元朔到元狩（前128—前177）年间，由一位叫庄熊罴的人上书建议开渠引洛水灌田。渠道在征县向南开渠，经过商颜山（即今铁镰山）。由于土质不好，开挖又深，西岸容易崩塌滑坡，就改凿隧洞十余里，穿过商颜，下游渠尾仍回入洛水。《史记·河渠志》记载了当时井渠施工的技术要领："凿井，深者四十余丈。往往为井，井下相通行水，水退以绝商颜，东至山岭十余里间。井渠之生自此始。"开创了隧洞竖井施工法的先河。施工中发掘出龙化石，所以叫龙首渠。

第三，六辅渠：郑国渠修成后百余年，又兴建了一项重要工程，即汉武帝元鼎六年（前111）左内史倪宽主持兴修的六辅渠。这一工程主要是为了灌溉郑国渠旁的高地，便开了六条小渠，"穿凿六辅渠，以益溉郑国傍高仰之田"。由于记载不清，关于其具体位置、水源等问题我们不得而知。

第四，白渠：又过了十几年，太始二年（前95）由白公主持修建了另一引泾灌溉工程——白渠。白渠"穿渠引泾水，首起谷口，尾入栎阳，注渭，中袤二百里，溉田四千五百余顷。"该渠在郑国渠之南，两渠走向大体相同，二者相连，故后人常并称为郑白渠。白渠的建成使泾阳、三原一带的大片土地，在改善土肥条件，促进生产发展，提高人民生活等方面取得了巨大成就。这一水渠历经磨难，时有兴废，也绵延了两千多年，成为泾惠渠的前身。

第五，成国渠：成国渠也是这一时期修建的关中地区的人工灌溉渠道。汉武帝时开凿。自今陕西眉县东北的渭水北岸，引渭水东流经今扶风南，武功、兴平、咸阳之北，至灞、渭会合处东注入渭水。三国时又重新整修，并向西扩展了近百里地。到了唐代，成国渠又有了较大扩展，增辟了水源，灌溉面积也猛增。

关中地区的这些水利灌溉工程在当时全国名列前茅，并发挥了巨大作用，促进关中经济的发展和政权的稳定。

（2）西北地区灌溉。西汉时期，西北地区成为仅次于关中的水利重点地区。包括：今张掖县和酒泉县境内的千金渠，引羌谷水灌溉。在今玉门市和安西县境内有借端水。在今敦煌市境内有氏置水。此后，汉宣帝中大将赵充国又在湟水流域置万人屯田，浚沟渠，发展农田水利。东汉时，在今甘肃武威戚继有兴作，河套地区也"激河浚为屯田""因渠以溉，水春，河槽"，兴修了不少工程。

在西汉，灌溉工程已扩展至今新疆地区，尤其是汉武帝通西域，屯田渠犁后记载逐渐增多。至昭帝时，在轮台、渠犁一带开渠道屯田。此后又逐渐扩展至伊循、车师、楼兰一带。东汉时还在伊吾设置屯田机构，都曾建有灌溉工程。

新疆有一种特殊的水利工程型式——坎儿井，也创始于西汉。它是一种地下渠道，渠道上有大量竖井。渠道开在透水层中，下面还有不透水层，由山坡集水区向冲积扇引开。渠道坡度小于地下水面坡度和地面坡度，至山坡下即可露出地面引水至蓄水池备用。这种井渠就是开龙首渠时所采用的形式。在降水稀少、气候干旱的新疆地区，坎儿井在灌溉农田、节约水资源方面发挥了重要作用。

（3）长江流域灌溉。秦汉时期，长江流域的灌溉以汉水支流唐白河发展最为显著。西汉元帝时，南阳太守召信臣大力发展农业，勘察郡中水利资源，兴工开渠，引水灌溉。在他领导下，几年之内，建设水渠十几处，使南阳地区面貌有了较大改观。其中最著名的一处是六门堨，也称六门陂。东汉时，南阳水利进一步兴盛。建武时，南阳太守杜诗也很重视发展农业，修治陂池，他还发明了我国早期水利工具水排。与召信臣一样，都受到当地吏民的尊敬。

鉴湖又称镜湖，是长江以南最古老的大型灌溉工程之一，位于今浙江绍兴县境内。鉴湖是东汉永和五年（140）由会稽太守马臻带领当地群众主持修建的。他们利用有利地形，围湖筑堤，将原来分散的湖泊围成一个大湖，形成蓄水库，旱则放水溉田，涝则放水入海。这样既可减轻河流泛滥和内涝，又可以蓄水灌溉。

西汉时，长江流域除南阳地区外，其他地区也有兴作。如四川都江堰北部灌区，在汉文帝、汉景帝时期得到扩建。东汉章和元年（87），广陵太守马棱在今扬州一带"兴复陂湖，溉田两万余顷"，开创了苏北江淮之间陂塘水利的先河。西汉末年在云南滇池一带，水利工程得到了开发。王莽以文齐为太守发动当地人民群众开渠道，筑陂池，垦田二千余顷，开创了云南地区的水利。

（4）淮水流域灌溉。淮水流域最著名的农田水利工程就是鸿隙陂。鸿隙陂位于淮水和其支流汝水之间，在今河南息县以北地区，下游与淮水支流慎水相通，是一个具有相当规模的蓄水灌溉工程。汉成帝时陂被废毁，到东汉建武十八年（42），在汝南太守邓晨的号召下才着手恢复。后又经过连续几年的修建，这座被废五十多年的灌溉工程终于复兴，并发挥作用，直到北魏时其作用已不显著了。

类似鸿隙陂的陂塘灌溉工程在汉代已相当普遍，仅在《水经注》中就有关于淮水、汝水相关的陂塘各有十七处之多。与鸿隙陂相通的就有上中下三个慎陂。此外还有三丈陂，即铜水，西通葛陂。葛陂自汝水别支𫔶水分出。铜陂又东注富水。这一带陂池川渠接连不断。

除汝南地区外，在淮河下游地区也有兴修水利工程的记载。如元和三年（86）张禹在今邳县一带修复蒲阳陂，筑塘，开水门灌溉，垦田千余顷。王景在庐江任太守时，修治古芍陂，发展水稻生产等。

（5）华北水利。两汉时期华北水利在河北、山东、山西、河南等地也得到了普遍兴建。西汉时在今泰安地区引汶水灌溉，在今临淄东北引巨定泽水灌溉。东汉时华北十里被进一步提倡，元初二年（115）春修治西门豹引漳灌溉渠，并下诏督促"三辅、河内、河东、上党、赵国、太原各修理旧渠，通利水道，以溉公私田畴。"东汉建武时，渔阳太守张堪在今密云、顺义一带主持修建了灌溉工程，引沽水、潮白河，开稻田八千余顷。此外，在今河南南部邯郸地区、河南北部濮阳地区、新乡地区以及洛阳地区等也都有灌溉工程兴建。

2. 秦汉时期的航运工程

秦汉时期航运服务于保证国家机器、军队和日益增加的人口的供给，特别是粮食的供给，这成了秦汉航运的主要任务。

（1）关中漕渠。西汉初年，大批的粮食、财物运往关中地区都是通过渭水航道。由于货物数量的增长，渭河水道迂曲宽浅，赶不上要求。大司农郑当时就建议自长安引渭水，沿终南山北坡，东至黄河，开漕渠。于是在元光六年（前129）汉武帝发军工数万人从长安县境内动工开渠，令水工徐伯勘察、测量，三年建成。后来漕粮有余，就大量引水灌溉。渠全长三百余里，引渭水，沿南山东下，沿途收纳灞水、浐水，经今临潼、渭南、华县、潼关等地，直抵黄河。漕渠建成后，便利了粮食运输，极大地增加了向关中的漕运数量，提高了运输的功效。

（2）邗沟和鸿沟、汴渠。春秋末期开凿的邗沟在西汉前期得到了东扩，成为重要的盐运水道。战国时期修建的鸿沟到秦汉之际仍是河淮间的水运要道。但联系黄河和海河两个水系的水运作用已逐渐为汴渠所取代。汴渠是济水向东南入泗水的一个支流。

汉代漕运和各运河的水运情况都缺乏明确记载。西汉武帝至宣帝间，其中相当一部分漕运经过鸿沟和汴渠。但到了西汉末年，黄河频繁决溢，之后又发生改道，汴渠水运受到影响。东汉初年不得不连续整治汴渠。明帝时，王景和王吴共同组织，修整今开封上下被黄河洪水冲毁的汴渠河段。又在永平十二年（69）再次"议修汴渠"，经过这次治理，黄河和汴河都畅通无阻。

（3）灵渠。秦统一六国后，为了巩固国防，统一南岭，在南方建成了著名的灵渠，以沟通岭南运道。灵渠位于今广西兴安县，是公元前219年，在秦将史禄主持下开凿的，它沟通了长江水系的湘水和珠江水系的漓水。由于地势较低，开渠很容易。水道打通后，稍加工程措施，即可通航。灵渠开通后，历代都有维修。据记载，至清代，整修共达二十几次。

（4）海运。秦汉航海事业有了很大发展。秦始皇时期就曾派童男童女，入海求仙人。汉代航海，主要是进行海外贸易，用黄金和各种物品去换取远洋各国的奇珍异物。汉代东部沿海，北至辽东，南至交广，都畅行无阻，还有东通日本，南至南洋的记载。广州等沿海城市都建有港口等，并且还有造船厂，可见航海已不是个别活动，而是普遍的社会活动了。

3. 秦汉时期的治黄工程

中国的防洪治河，两千多年来以治理黄河为主。黄河含沙量高，洪水涨落迅猛，很容易形成洪涝灾害。秦代以后，关于黄河的记载逐渐增多，尤其是西汉时有了黄河决溢的明确记载。两汉二百多年，见于记载的决口泛滥共有十一次。西汉黄河治理比较著名的工程就是瓠子所进行的堵口工程和王延世主持的堵口工程。东汉治黄对后世影响深远的则是王景治河。

（1）西汉黄河的治理。西汉初年，黄河还比较安定。到汉武帝时期，河决便频繁出现，当地灾情极为严重，人民流离失所。为了稳定统治，汉武帝决定堵塞决口，元封二年（前109）命汲仁、郭昌主持，动用几万民工参加。为了表示虔诚，汉武帝亲自到决口处沉白马、玉璧祭祀河神。经过一番努力，决口被成功地堵塞住了，并在其上修建宣防宫，这就是著名的瓠子堵口。这一工程成功后没多久，黄河又在馆陶决口，向北冲出一条屯氏河，淹及四郡，由于未加堵塞，便成为黄河下游一条天然支流，并分流黄河水，使黄河行洪能力得到改善。但之后在汉元帝永光五年（前39）和成帝建始四年（前29），河水再次决口，淹没范围逐渐扩大。西汉王朝又派河堤使者王延世办理堵口。他采用竹笼装石

"两船夹载而下之"的施工方法，迅速将决口堵好。但之后几年，黄河不断泛滥，由于西汉王朝临近崩溃，已无力治理决口了。

西汉时期的治黄措施主要是堵口和筑堤防。但二者都没有规划性，只是临时解决洪水泛滥问题，并不能从根本上治理黄河。时人关于如何治理黄河也有很多议论，如有筑堤说、改道说、分疏说、放任自然说、经义治河说等。其中最受后人重视的是哀帝时贾让的"治河三策"。他批评了堤防政策，认为人傍水位田庐，起自堤防，必然会有水灾。他在分析了黄河演变历史之后，提出了治河上、中、下三策。上策是开辟宽广场所容纳洪水；中策是在上策基础上提出的，在黄河下游修建大堤，多开支渠，也可在大堤上修建若干水闸，既有利灌溉，也有利于航行；下策是继续维护旧堤。贾让的治河三策是流传下来的最早的治理黄河的规划方案，对后世有重要影响。

（2）东汉黄河的治理。东汉初年对黄河弃而不治，放任自流，到明帝永平十三年（70）王景治河成功，河行新道，向东偏北流入渤海。

王景在治河之前就积累了修治汴渠的经验，深入了解了治黄的厉害，所以当命他治河时，他就开凿汴渠的新引水口，堵塞被黄河洪水冲积成的沟涧，加强堤防，疏浚渠道上游。在筑堤、理渠之后，又"十里立一水门"，也就是"绝水立门"，这样就达到了"河、汴分流，复其旧迹"的目的。王景治河是治黄史上少见的工程，效果也好，系统修建了黄河大堤，稳定了黄河河床。另外，该工程是以治理汴渠为重点，修整了汴渠，又立水门，发展了前代水门技术。这次工程对黄河以后八百年相对安流作出重要贡献。

（二）唐宋时期的水利事业

两汉四百年水利发展形成一个高潮，隋唐大运河沟通全国主要地区的水系。大运河分开通促进漕运发展，为我国经济的发展作出重要贡献。

唐朝为了发挥大运河航运的效益，比较注重运河的维修和扩建。一方面为了保持大运河航道的流通量，经常疏浚运河；另一方面扩大运河受益面，使运河交通网深入内地。大运河的扩建和改善，增强关中地区的经济实力，稳固了唐在全国的统治，也促进南方的开发，加强南北方之间的联系和往来，使唐成为我国封建社会的鼎盛时期。

北宋建后，继后周之后继续对以汴京为中心的运河网加以整治，几条主要运河以汴京为中心，呈放射状，把许多规模较小的地方性河流连接在一起，构成错综复杂的运河网。运河网进一步扩大运输能力，加强各地之间联系，稳固了统一事业。北宋王朝定都汴京，遂对汴河进行大规模的整治。此外还大力整治、扩建了蔡河、五丈河和金水河，使之与汴渠在汴京交会，构成著名的"汴京四渠"。

南宋时运河成为其生命线，对其进行过多次整治。宋还计划开凿白河和荆襄运河以通江陵、南阳至汴京间的水运，但受到技术条件和社会制度的限制，古白河开凿计划没有实现，但这一设想是有积极意义的。

（三）明清时期的水利事业

这一时期由于相对安静的政治局面，社会经济和文化获得较快发展，水利建设也在前代基础上持续进步。特别是明代初年和清朝初年，政治推动水利建设，取得显著成绩。明朝京杭运河建设取得了重要进展，解决了山东段运河的水源问题，漕运稳定发展。明清时期黄河治理也有进步，以潘季驯和靳辅为代表的水利专家提出一系列治河措施，改变了治河格局，对后世产生深远影响。

1. 京杭运河

明代在元代运河的基础上重新修整，解决了一系列技术和管理上的问题，开辟了全面利用运河的阶段。

（1）明朝前期京杭运河的治理。会通河是连接黄河和海河最经济的南北向运河线路，也是京杭运河全线中最重要的河段。洪武二十四年（1391），会通河被黄河泥沙所淤积，运河中断。明成祖迁都北京，必须尽快恢复运河航运。永乐九年（1411）工部尚书极力主张恢复会通河，于是率领军工民夫三十万人重开会通河，历时百天完工。之后，又修建了戴村坝枢纽，"疏东平东境沙河淤沙三里，筑堰障之，合马常泊之流入会通济运。"该坝完成了自汶水引水的任务，水经小汶河至运河。为了保证给水，还有合理分水的任务，于是又设了南旺分水枢纽。除此之外，会通河还有一些补充水源，金口坝引泗水至济宁就是主要工程。

明初，会通河在徐州接黄河，淮扬运河在淮安接黄河，徐淮之间的黄河就是运河的一段。时人针对这一问题，提出一些治黄措施，治理了两个险要河段徐州洪和吕梁洪。淮扬运河也是运河中重要的一段，其间存在着大量的技术问题，如运河穿淮、运河过江、运河过湖等。永乐年间，陈瑄总理漕运，对这些问题进行了解决。

在其他河段也进行了一些治理，如在江南运河上就开凿了胭脂河和解决常州至镇江段航运不畅的问题；通济河上修筑了堤坝，并在距河西外凿减水河一道；大通河在成化年间进行了重修，增设水闸，浚治泉源。

（2）明后期至清前期京杭运河的改建。这一阶段，潘季驯在前人治黄的基础上提出了新的治黄方针，与黄河关系密切的运河治理也要与它相应。主要工程包括运黄分离工程、清口工程和以济运水柜为代表的水源工程。

隆庆元年（1567）在南阳开辟了一条新运河南阳新河，全长一百九十四里，它不仅使南阳至留城间航运条件得到了改善，将运道移至昭阳湖东还防止了黄河泛滥，增加其蓄水防洪能力。万历二十五年（1597）黄河决口，朝廷开始了几年前早有人提及的开伽河工程。由夏镇南面的李家口，引水合彭河，经韩庄湖口，又合承、伽、沂诸水东南至邳州直河口，长二百六十余里，避黄河之险三百余里。这一河道代替了黄河与旧运河河道。

明中叶以后黄河对运河的威胁一直持续。洪泽湖经常泛滥于高宝诸湖，有运河经长江入海，高宝湖泛滥又威胁运河。为保障运河航运，采取了一些工程措施加以维持，如修月河、建滚水坝、平水闸以及各项分黄导淮措施。清代继续这些措施，使这段运河成为京杭运河中的另一工程重点。

2. 黄河的治理

明清时期黄河治理的典型代表就是潘季驯和靳辅，他们提出的治河思想和措施，使治理黄河方略发生了根本转变，对近代治黄产生了深远影响。

（1）潘季驯治理黄河。嘉靖末年，河患频仍，主要集中在徐州、沛县之间的地区。在不断的治水实践中，探索了许多新的治河方略，"筑堤束水，以水攻沙"的主张应运而生。将这一思想逐步完善、系统、实践的就是潘季驯。潘季驯，浙江吴兴人。从嘉靖末到万历中，四次担任河道总理，治理黄河、淮河和运河，前后长达二十七年。

（2）靳辅的黄河治理。靳辅在清康熙年间任河道总督，承袭潘季驯筑堤束水的主张，大力加强河防建设，固定河槽，保持运河通畅，在消除河患、改善漕运方面成就显著，在发展治河理论、提高治河技术等方面也有所贡献。

清代前期尤其是康熙初年，黄河在苏北清口与淮河、运河交汇，河患频繁，灾害严重。从康熙十六年至二十六年（1677—1687），靳辅连续十年担任河道总督，主持治理黄河、淮河和运河。靳辅上任后，多次进行实地考察，了解河情水势、水患灾情，靳辅继承潘季驯的"束水攻沙"思想，修筑了高家堰大堤、归仁堤等，还在上起河南、下至海口附近修筑了坚固的近海堤防。在疏浚河道方面，主要有导黄入海工程、清口工程、皂河工程等，靳辅还发明了用引河的方法进行治理，效果显著。此外，他还进行了疏浚海口、增建减水闸坝等工程，重点是疏浚了运道，使黄、运分离，保障了漕运。

三、发展时期

中国共产党人坚持唯物史观，坚持人民是历史创造者，更是推动社会变革的决定性力量。中华人民共和国成立以来，中国共产党人在总结前人经验的基础上，把水利建设摆上议事日程，从治理淮河水患开始着手，领导人民群众大兴水利。其中淮河治水，成为中华人民共和国成立以来第一条全面系统治理的大河，拉开了中国大规模治水事业的开端。其治理工作取得的成效赢得了人民群众的衷心拥护。此后几十年，中国共产党领导人民群众对境内江河筑堤坝、修水库，我国水利事业发生了历史性的变化，治淮、治黄和长江防洪工程成效显著，水利科学技术和水文化得到了长足的发展。从葛洲坝工程到三峡工程，再到南水北调工程，中国共产党带领中国人民创造一个又一个历史创举，有效治理了水患，兴建了许多具有重大意义的水利工程。人民群众成为水利工程建设的主角，同时也成为推动水文化发展的决定性力量。

四、成熟时期

我国是一个人口大国，水资源地域分布、季节分布很不均衡。特别随着国民经济快速发展和人民生活水平的提升，有限的水资源难以满足人口增长的需要。为了生存和发展，人们认识到过度开发利用水资源不可持续，应该走科学治水、科学管水、科学用水之路。同时，学术界也兴起了研究水文化的热潮，研究成果层出不穷，水文化与现代水事活动结合日趋完善。经过长期治水实践，深入探究水文化，对水的认识开始从愚昧走向科学、从落后走向先进、从自在走向自觉。

面对环境的不断恶化，人们开始认识到水是一种不可替代的自然资源，水资源是有限的，过量的开发利用会导致水资源短缺乃至枯竭。因此，近年来我国政府积极倡导建设资源节约型、环境友好型社会，积极践行"绿水青山就是金山银山"的理念，积极改善和修复自然生态环境，开展水污染防治专项行动，初步构建了科学合理、运行有序的水资源管理机制体制。同时，我国政府积极鼓励水利科学研究，实施科技兴水、科技治水，特别是努力推动水资源管理的科学化、信息化，以人水和谐为核心理念的现代治水格局初步形成。

第三节　中华水文化的架构

水文化的基本架构是指各类水文化内容之间彼此交错联系而形成的一种系统的框架和结构。中华水文化的架构包括了物态水文化、行为水文化、精神水文化和地域水文化等多个层面，这些层面相互交织，共同构成了中国丰富多彩的水文化传统。通过深入研究和理解这些层面，我们可以更好地欣赏和传承中华水文化的丰富内涵，同时也能够更好地应对现代社会中的水资源管理和环境保护等挑战。

一、物态水文化

物态水文化，是一种以物质形态存在的比较直观的水文化。物态水文化是融入人类体力和脑力劳动的自然物。物态水文化主要包括水形态、水环境、水工程、水工具等。

第一，水形态。不同形态的水，如江、河、湖、海、冰、雪、雨、瀑等，会形成不同的水文化。这种水文化常常是人们心理感受的表达或精神寄托。

第二，水环境。水环境是指人们通过视觉、听觉、嗅觉等可以感观到的人自身以外的其他客体存在。

第三，水工程。水工程是指古今的一切水工程建筑。这些水工程建筑的设计、施工、造型、工艺和作用都凝聚着不同时代人们的知识、智慧和创造，是水文化的一种重要载体。

第四，水工具。水工具是指治水、管水、用水、保护水的工具。工具的制造和使用是人类特有的一种文化行为。

二、行为水文化

行为水文化是一种劳动者与劳动对象相结合过程中形成的水文化，是人们在水事活动和社会实践中形成的水文化，主要包括饮水、治水、管水、用水、亲水等方面的文化。

第一，饮水文化。饮水是人的生存之本、健康之本，其中有着丰富的文化内涵。

第二，治水文化。治水文化是指在治水过程中的各种文化行为，如水文、勘测、规划、设计、工程建设等所必备的文化知识和工程艺术等，是水文化的重要部分。其中包含水行业的科学研究、科学试验、思想教育、文化教育及各种业务培训等。

第三，管水文化。管水文化主是指水资源和水工程的管理，这是水文化中的制度文化，主要包括与水有关的各种法律法规和规章制度等。

第四，用水文化。用水文化是阐明节约用水和水资源可持续利用的文化意义。亲水文化主要是讲人水和谐的文化意义。

第五，亲水文化。亲水是人的本性，从人的逐水而居到人水和谐都表现出这一本性。随着社会的发展，人们喜水、乐水，利用水域开展一系列的水上运动和水旅游，从中受到陶冶和锻炼。

三、精神水文化

精神水文化是水文化的核心，是人们在长期与水打交道的过程中形成的一种心理积淀，具有历史的继承性和相对的稳定性。这种水文化对人们行为的指导具有深刻的影响和作用。精神水文化主要包括水哲学、水精神、水文艺、水著作、水风俗等。

第一，水哲学。水哲学是指水自身的哲学意义和水给人们的哲学启示，是从世界观、人生观和方法论的高度认识水文化，是水文化的最高层次。

第二，水精神。即因水而形成的精神力量，这是水文化的精髓，主要包括水行业人们的理想信仰、思想道德、价值观念、行业精神等。

第三，水文艺。水文艺包括绘画、雕塑、音乐、文学、舞蹈和其他艺术形式中与水有关的作品。艺术家常常受到水的美感和象征意义的启发，创作出与水有关的作品。

第四，水著作。水著作是指以水为主题的各种文字记载，这是积累和传承水文化的重要载体。

第五，水风俗。水风俗是指水对风俗形成的影响以及与水有关民风习俗。这包括洗礼、清洁仪式、庆典、节日和其他与水有关的传统活动。

四、地域水文化

地域水文化，或称文化区，是水文化的空间分类，是给文化划定的地理空间单位。一般指具有相似文化特征和生存方式的某一区域。从水行业的角度研究地域水文化，主要阐明同地域文化的特色、水与流域经济社会的关系，以及在流域治理中形成的水文化。

第一，农耕社会的水文化。许多农耕社会依赖于水来灌溉农田，因此水被视为生命的源泉。这些社会可能会有与水有关的古老仪式和庆典，以祈祷丰收和水的丰富。

第二，沿海地区的渔业文化。沿海地区的人们通常与海洋和淡水湖泊有密切的联系，渔业是他们的主要经济来源之一。渔民可能会传承渔业技巧和传统，还可能有与渔业有关的民间故事和歌曲。

第三，沙漠地区的水文化。在干旱的沙漠地区，水是稀缺资源，因此人们可能会开发出节水技术，例如渠道和蓄水池，以储存和分配水资源。水也可能在沙漠文化中有着特殊的象征意义。

第四，都城地区的水文化。都城依水而建，水源不仅提供饮用水，同时为城市防御增加天然屏障。都城设计复杂而精巧的运河系统，用于供水、排水、灌溉和交通。城市中的桥梁和水上建筑呈现独特设计和建筑风格，展现当时的文化和艺术风貌。大规模池塘和精心设计的花园成为城市景观的一部分，强调水的美感和水景环境。古代中国都城的规划还包括水利工程，用于管理水资源和农田灌溉。

第四节　中华水文化的定位及价值

一、中华水文化的定位

任何一种文化，只有找到它恰当、准确的位置才能发挥其应有的作用。所谓定位，就是要明确水文化的类型和研究对象。我们把水文化定位为：反映水与人类、社会、经济、文化等关系的水行业文化。这里既说明了水文化的类型，也说明了水文化的研究对象。

（一）水与人和谐相处

人与水既共处，又相争，人是水务活动的主体。只有人与水发生联系，才能形成各种水务活动，没有人就没有水务活动。因此，人民群众是水务活动的基本力量。水患危害了人民，人民群起而治理；水利造福人民，人民携手而兴修。在水务活动中，人心的向背、团结状况、科学文化素质、经营管理水平、思想精神面貌等，是水利事业能否顺利发展的决定性因素。

水务活动的实践往往从治理水害开始。当水悄悄地造福人类时，并不为人们所重视。一旦洪水泛滥、水体污染、赤地千里时，人们才感到水的重要，于是进行不同形式的治水活动。国内外的古代传说中，有关治水的内容数量之大、影响之深，是其他任何行业和任何部门都无法比拟的。这在一定程度上反映了水文化的起源和形成过程。增加水利投资，并召开灾后重建、兴修水利的会议，要求进一步重视加强水利建设。随着经济社会的发展，水务活动的动力正逐步转化为自觉地适应经济社会发展的需要，最终实现人与水的和谐相处。

（二）国运、水运紧相系

"水文化是我国传统文化中影响最为深远的一部分，是自古以来世代相传的精神财富，蕴含了深刻的智慧和精髓。"[①] 国运与水运紧密相连，这是一种不可分割的关系。水运是国家经济发展的重要组成部分，它不仅为国家提供了廉价的货运方式，还促进贸易的繁

---

① 孙祯宇. 高职院校水文化教育的创新路径研究——评《中华水文化概论》[J]. 灌溉排水学报，2022，41（01）：155.

荣。水运网络的发展和健康运营对国家的繁荣和安全至关重要。

第一，水运是国家经济的重要支柱。许多国家都有着广泛的河流、运河和港口，这些天然资源为国家的物流体系提供强大的基础。水路运输成本相对较低，因此可以有效降低商品的运输成本，从而降低了生产成本，提高了产品的竞争力。这对国家的国内生产总值和就业率都有积极的影响。

第二，水运也推动了国际贸易的繁荣。港口是国际贸易的重要枢纽，货物的装卸和转运都离不开港口设施。国家的水运网络的发展将有助于吸引更多的国际贸易，为国家创造更多的商业机会。此外，水运还有助于国际合作和文化交流，加强了国家与其他国家之间的联系。

第三，水运对国家的安全至关重要。通过建立强大的水运基础设施，国家可以确保对国内外的资源和商品的快速流通。这有助于国家在紧急情况下保持供应链的稳定性，确保国家的安全和稳定。

（三）科技推进水利发展

世界上许多重大的科学技术都有水的贡献，科学技术的进步又推动了水利事业的发展。如政府通过先进的水资源管理软件，可以更好地规划水资源的分配，以满足各个部门的需求，并在干旱和洪灾时采取紧急措施。

现代水质监测设备能够快速检测水中的各种有害物质，这有助于保护公共卫生和生态系统。而水污染的防治也得益于高级的净化技术，如反渗透和紫外线消毒。这些技术可以有效去除水中的污染物质，确保饮用水的质量，减少环境污染。现在国家提出"科教兴水"的战略，正是对水利与科学技术关系的正确认识，必将推进水利事业的发展。

（四）水利是经济社会发展的基础设施

水是一种十分宝贵的自然资源，水利事业必须通过对水的开发、治理、保护、管理、配置和节约，为人类提供符合饮用标准的生活用水，为国民经济的各行各业提供承受能力之内的生产用水，为改善社会生态环境提供一定数量的环境用水。

水利工程不仅服务于人类的经济和社会需求，还有助于维护生态平衡。湖泊、河流、沼泽地等水体的保护和恢复需要科学的水资源管理和生态恢复措施，以维护生物多样性和生态系统的健康。

二、中华水文化的价值

（一）文化价值

第一，中华水文化强调水的灵性和生命力。在中国传统文化中，水被看作是一种拥有灵性的元素，有着自己的生命力。水流不息，它代表了生命的延续和不断发展。这一观念在中国古代哲学中有着深刻的影响，例如道家的"水行无踪，可至千里"和儒家的"德水最下"。这些思想强调了水的谦卑和生命力，教导人们要谦逊和包容，坚韧不拔，不断追求进步。

第二，中华水文化注重人与自然的和谐共生。水利工程、灌溉系统和水稻种植技术的发展，为中国农业的繁荣作出巨大贡献。这种和谐的观念也体现在中国的传统文化中，例如"水能载舟，亦能覆舟"，强调了对自然的敬畏和尊重，教导人们要保护水资源，维护生态平衡。

第三，中华水文化对文化创作和艺术有着深远的影响。中国的文学、绘画、音乐等艺术形式中，水常常被用作主题和灵感的源泉。古代诗人常常以水为写作题材，表达各种情感和思想，例如"大江东去，浪淘尽，千古风流人物"，这句诗表现了大自然的壮丽和人生的短暂。水墨画是中国传统绘画的重要形式之一，通过水墨的虚实变化，艺术家能够表达出丰富的情感和意境。

（二）哲学价值

水，作为中华文化的重要元素之一，承载了丰富的哲学价值。中国自古以来便有着深刻的水文化，这种文化不仅在日常生活中体现，还贯穿于中国哲学思想的发展和演变之中。

第一，中华水文化教导了人们关于生命和自然的哲学思考。水作为生命之源，强调了生命的不断流动和变化。这观念与中国哲学中的道家思想相契合，道家强调顺应自然，追求无为而治，就如同水流不息，顺其自然。这启示人们要适应生活中的变化，不强求，不抗拒，顺其自然，以达到心灵的宁静和生活的和谐。

第二，中华水文化反映了中国哲学中的阴阳平衡观念。中国古代哲学强调阴阳的平衡，即相互对立但又相互依存的两个元素。水文化中，水有其阴阳之分，有涌动的激流和宁静的湖泊，这象征着生活中的动与静、阴与阳，教导人们要在两者之间寻求平衡，追求内外和谐。

第三，中华水文化强调了水的包容性和流动性。水具有无限的包容性，它能够容纳一切，不分皂白。这一观念反映在中国的仁爱思想和儒家哲学中，鼓励人们要包容他人，忍让和理解。水的流动性也是中国哲学中关于变化和无常的思考，与道家的"万物流形，不离其源"有着联系。这教导人们要认识到生活中的变化是不可避免的，要以柔顺和包容的态度来面对，以求得心灵的平和。

第四，中华水文化与宗教也紧密相连。水在中国的信仰中有着重要地位，如道教的净水仪式、佛教的洗净仪式等。这反映了水的净化和洗涤的意义，象征着心灵的净化和灵魂的洗涤。这与佛家的解脱思想和道家的追求清净相呼应，强调了在纷扰世界中寻求心灵的宁静和超脱。

（三）教育价值

第一，中华水文化教育价值在于弘扬生命敬畏。水是生命的象征，没有水，就没有生命的存在。这种敬畏生命的思想在中国传统文化中有着深刻的根基。教育应该培养学生对生命的尊重和珍惜，这一点正是中华水文化所强调的。通过教育，学生可以学习到珍惜资源、保护环境，使他们明白只有保护好水资源，才能保护好自己的生命。

第二，中华水文化强调了和谐共生的观念。中国自古以来就有"水能载舟，亦能覆舟"的教训，这教导了人们要与自然和谐相处，尊重自然法则。这一理念在当代社会同样重要，我们需要意识到人类活动对自然的影响，学会和自然界共同生存，追求可持续发展。教育可以通过中华水文化的价值观念，培养学生的环保意识和可持续发展观念，使他们成为更加负责任的公民。

第三，中华水文化还有着深刻的道德教育价值。中国古代文化中，水常被用来比喻品德和道德，如"水到渠成""水滴石穿"等成语。这些成语传达了一个重要的道德观念，即坚韧不拔、不懈努力的品质。通过教育，学生可以从中华水文化中汲取道德力量，培养坚韧不拔的品质，学会克服生活中的困难和挫折。

第四，中华水文化也为艺术教育提供了丰富的素材。中国古代文人常以水为题材进行创作，如诗、画、音乐等。这不仅丰富了中国文化的艺术底蕴，也为艺术教育提供了宝贵的资源。教育可以通过引导学生欣赏和创作与水相关的艺术作品，培养他们的审美情感和创造力。

（四）社交价值

中华水文化，作为中国悠久历史和文明的一部分，不仅在个体层面具有深刻的内涵，还在社交领域具备重要的价值。水在中国文化中被视为生命之源，因此，中华水文化传达了许多关于社交互动、人际关系和社会和谐的重要价值观念。

第一，中华水文化强调团结与合作的概念。水是自然界中最具包容性的元素之一，它流淌在河流、湖泊和海洋之间，无论大小，无论污浊与清澈，都能容纳。这种特性启发人们在社交生活中倡导包容和团结，认识到不同个体之间的差异和多样性，并且鼓励合作来实现共同的目标。在社交领域，这意味着学会尊重他人的观点和背景，积极参与协作和互助，以实现社会团结和谐。

第二，中华水文化强调了沟通与情感表达的重要性。水以其自由流动的特性，象征着沟通和情感的畅通。在社交关系中，有效的沟通和情感表达是维持健康关系的关键。中华水文化鼓励人们学会倾听和表达自己的感受，尤其在亲情、友情和爱情关系中。它提醒我们在人际交往中保持心灵的清澈，使情感像水一样自由流动，有助于建立更加亲密和真挚的社交关系。

第三，中华水文化倡导平衡与和谐。水的流动以一种有序而平衡的方式进行，从而维护了自然生态系统的和谐。这启发人们在社交生活中寻求平衡，避免极端和冲突，以维护社会和谐。这包括平衡个人利益与集体利益、工作与家庭生活，以及平衡社交需求与个人空间。中华水文化教导我们在社交互动中寻求和谐与平衡，以确保社会生活更加平稳和宜人。

第四，中华水文化赋予人们对自然界的敬畏与感恩之情。在社交关系中，这意味着尊重和珍惜与自然的亲密联系，以及依赖自然的生存。这种感恩之情促使人们更关心环境保护、可持续发展和生态平衡，从而推动社会改善和共同责任的观念。中华水文化鼓励人们通过社交互动，传递对自然界的尊重，以促进更广泛的环保行动和社会责任感。

（五）旅游价值

中华水文化是中国传统文化的瑰宝，它的丰富内涵和历史深厚性使其成为独特而有吸引力的旅游资源。这种文化不仅在中国本土有着广泛的影响，还吸引了世界各地的游客前来探寻。

第一，中华水文化的旅游价值体现在其历史传承和古代水利工程上。中国拥有众多的古代水利工程，如都江堰等，这些工程代表了古代中国人民的智慧和劳动成果。游客可以前往这些景点，欣赏壮观的水利工程，了解古代水文化的发展历程，感受到中国古代文明的独特之处。这些景点不仅具有历史价值，还为游客提供了一次文化之旅的机会。

第二，中华水文化的旅游价值还表现在水乡和水景区的风光秀丽。中国拥有许多著名的水乡和水景区，如西湖、乌镇、丽江古城等，这些地方以其独特的自然风光和水域景致而闻名于世。游客可以在这些地方欣赏到水与自然景观的和谐融合，感受到中华水文化对于自然美的追求。这些地方还常常保留了传统的建筑和文化，为游客提供了一个时光倒流的机会，走进古代中国的生活方式。

第三，中华水文化的饮食文化也是旅游的一大亮点。中国的饮食文化与水资源密切相关，各地以水产为主食的特色菜肴琳琅满目。游客可以品尝到新鲜的水产，体验地道的中华口味，了解中国人的饮食文化传统。此外，水文化还为酿酒文化提供了丰富的水源，各种美酒佳酿在这里应运而生，使游客有机会品味到不同地区的美酒，领略到中国丰富的饮食文化。

（六）生态价值

中华水文化是中国传统文化的重要组成部分，它强调了与自然的和谐共生和水资源的保护，因此具有重要的生态价值。这种文化传承了千年，对中国的生态系统和环境保护有着深远的影响。

第一，中华水文化强调与自然的和谐共生。中国古代的农业社会高度依赖水资源，因此人们学会了与自然和水资源和谐相处。这一观念体现在中国的生态伦理中，强调了人与自然之间的相互依存和相互影响。中华水文化鼓励人们要珍惜水资源，保持生态平衡，不过度开采和污染水体，以确保可持续的生态系统和环境。这种和谐共生观念对于现代社会的生态保护和可持续发展至关重要，有助于维护生态平衡和减轻环境问题的压力。

第二，中华水文化强调了水的净化和洗涤的意义。水常被视为纯净的象征，它能够洗净身体和灵魂。这一观念体现在中国的庆典仪式和日常生活中，如佛教的净水仪式、清明节的扫墓活动等。这种观念教导人们要尊重水资源，保持水的纯净，避免污染和浪费。生态保护中的净化和清洁工作也受到这一观念的启示，鼓励人们积极参与水体净化和环境清洁工作，以改善生态系统的质量和健康。

第三，中华水文化鼓励了人们对自然界的敬畏和尊重。水是自然界的一部分，有其生命力和灵性。这一观念在中国的信仰中有着深刻的体现，如道教的龙神、佛教的水神等。这种敬畏和尊重自然的观念教导人们要保护自然界，保持谦卑，不妄自尊大，不破坏生态平衡，促进环境保护和生态系统的稳定。

第二章 中华水文化资源管理与应用

第一节 中华水文化在水资源管理中的应用

一、水资源的特性

广义上的水资源指的是所有可被利用的天然水，包括人类所及空间中各种形态的水；狭义的水资源是指人类可直接饮用的水，如对城市来讲是指优质的地表水和地下水。综合而言，水资源是指在人类现有或未来可预见的认知能力和技术水平下能够满足某种或多种人类生存发展需要的各种水体存在形式。由此，水资源既包括液态水，也包含固态和气态水；既包括人类直接用水，也包括间接用水；既包括物质层面的用水，也包括精神层面的用水。

随着人类认知能力和技术水平的提高，以及人类所关注的生存发展需要内容的扩展，水资源的外延和范畴也会不断扩展。现代人类要树立一种广义的水资源理念，从全面满足人类多层多样需要的目的综合协调开发和利用各类水体，不能只求其一而伤及其他。水资源的基本特性如下：

（一）基础性和不可替代性

水是生态系统中最活跃、影响最广泛的基础构成要素。利用水循环这个有效途径，水资源能够保持与其他自然要素的关联、制约和相伴相生，进而形成一个整体。水资源不单单是人类生存发展必不可少的物质条件，还是国民经济建设与社会发展的重要资源支持。

水是所有植物得以生存生长，完成光合作用以及进行营养物质输送的关键要素；水在工业生产中发挥着不可替代的作用。因此，水是生产生活中至关重要的自然资源，随着人们对水的重视程度以及认知程度的提升，目前国家已经把水纳入综合国力构成要素体系中，把人均年耗水量作为评估国家经济发展水平的关键指标，把用水结构当作评判国家工业化及生活水平的有效依据，把水创造的财富价值作为评估国家技术水平的尺度。

在我国，水利一直都是农业发展的命脉所在，国家将水利作为推动国民经济发展的基础，将其纳入国家发展规划之中。目前，在国际上已经形成了共识，水是社会稳定与国家繁荣的关键资源，应将水当作区域合作的核心促进要素看待。后面的一系列论述说明的都是水资源具备基础性与不可替代性的特点，也是基于这样的认知，水资源的开发必须坚持可持续性原则，严格限制水资源的量以及对水环境的利用规模，使水资源在可持续利用的范围内，否则人类的可持续生存发展将无从谈起。与此同时，水资源是人类社会发展的基础性资源，是不可替代的重要自然资源，用水是人类的基本权利，水资源的开发利用必须坚持公平性原则，即要保证每个社会成员的最基本的用水需求。

（二）可再生性或非耗竭性

一般可以将天然资源分成可更新资源与可耗竭资源。水资源的可再生性特征主要体现在水量能够恢复、水质可以得到改善。其中，水量在经过人们的开发利用之后，可以利用降水的方式获得有效补给，同时可以在一定时空范围之中维持动态平衡的状态。水量可恢复主要是因为水具备可循环性的特征。陆地上不同类型的水体均处在全球水循环中，同时会在很长时间当中维持水量平衡。因此，水资源与矿产资源不同，如果对矿产资源进行持续使用的话，总有一日会用完，矿产资源有可耗竭性的特点。

对于水资源来说，假如能够科学增加以及诱导天然补给，有效地保护水资源用量及其空间，不仅可以实现永续利用，还能够让水资源有所增加。水资源水质可改善性指的是可结合水体环境与物化特性，利用水体的自净功能和地质环境的水体净化功能促进水质的有效改善。当然也可以在人为技术手段的支持下改善水质。从广义的水资源看，作为景观存在、满足人类审美和精神需要的水资源本身不具有消耗性，只要加以保护就可以满足持续开发利用的要求。水资源可再生性要求我们做好其生成环境的一系列保护工作，对水资源进行科学节制性的应用，如此便能让水资源为人类发展持续提供必要支持。

（三）有限性与不均性

我们发现真正能够满足人类开发利用要求的淡水资源是非常匮乏的，在时空分布方面也非常不均衡，距离人类的实际淡水需求是有极大差距的。再加上水通常是就地利用的，要进行远距离的运输非常困难，而且世界上不少国家与地区存在水资源极度匮乏的现象。

水资源本身是非常有限的，再加上水资源在时间和空间方面的分配非常不均匀，因而给国家经济建设工作带来了一定的困扰和阻碍。我们必须深刻认识到水资源匮乏的严重性，并高度关注问题的解决。水资源同样是非常有限的资源，在利用水资源的过程中要把全面节约战略准则落到实处，也就是说一方面要积极应用技术与管理等方法提升单位用水的经济产品或服务产量；另一方面要运用好市场手段，使水资源流向人们最需要的部门。总之，就是要使有限的水资源最大限度地为人类提供各类社会、经济与生态福利。

（四）价值和意义多样性

从人类多层、多样生存发展需要来讲，水资源存在多重价值和意义。

第一，水资源是维持自然界生态平衡的物质基础，生态平衡又为人类的存在与可持续发展提供了基本条件。

第二，水资源是对人类具有重要生态价值。水资源人类生命存在的要素之一，维持着人类基本的生理平衡。人类每天需摄入一定质量的水，以满足自身正常的新陈代谢；日常生活的方面也离不开水，如做饭、洗漱、清洁、卫生等。

第三，水资源更是生产要素。农业作为人类基础性产业以水资源为基本的生产资料；工业特别是基础性工业，如钢铁、化工、印染等。

第四，水资源都是重要的投入要素。水资源具有物质投入方面的价值，还为人类提供清洁的动力资源。水力发电作为一种清洁能源已稳居人类开发的非矿物清洁能源发电之首。作为载体，水体在运输方面的功能特别是大宗货物运输方面的功能十分突出。水资源还具有丰富的文化价值，满足着人们精神层面的需要。在我国，水与山孕育了独特、丰富的山水文化。在现代大众旅游时代，水景观是不可多得旅游资源，丰富着现代人的精神生活。

水资源价值的多样性表明，水资源某方面的开发会有一定的机会成本，这决定了水资源的开发须持综合视角，统筹考虑利弊得失，以人类幸福最大化为原则，而从水资源总量约束下的水资源的配置理论上讲，应该达到各类用水对人类用水边际效用最大化。

（五）水资源环境较脆弱、易破坏

水资源和水资源的环境与社会各行各业的发展建设有着非常密切的关联。要保证国家经济建设工作的顺利推进，促进社会的长足进步，保证生产生活活动的有序开展，就必须利用水资源。各行各业在依靠水资源的同时会作用于水资源，进而构成一个彼此关联的有机整体。

在目前水资源短缺问题逐步加重的背景下，我们除了要意识到水资源拥有多元化的社会功能以外，还必须意识到水资源很容易受到威胁，也容易遭到破坏，非常脆弱。水环境容易遭受破坏并且非常脆弱的特点主要体现在：

第一，水环境很容易遭到污染，让清洁水域失去原本的利用价值，而且污染物在水环境中还容易出现大面积扩散的情况。

第二，水环境很容易受到破坏，尤其是地下水一旦出现过度开采的问题，就会导致水资源在质与量方面都丧失平衡，甚至导致地质环境问题，影响水资源的应用价值。对水资源实施综合化管理是保证水经济系统有效运转的关键。水资源环境的整体性和脆弱性警示我们，在资源开发时要有系统思维和综合理念，将水、土、植被及其他相关要素作为一个整体加以考虑，要注意对环境的保护，要取之有度，用之有节。

二、水资源管理的构成与指导思想

水资源管理是指结合水环境承载力，遵照水资源系统自然循环功能，依照社会经济与生态环境规律，运用综合手段，对水资源进行有效规划与配置，调控涉水行为，确保水资源的有效利用，推动经济社会的持续性发展。

（一）水资源管理的构成因素

一个完整的水资源管理系统主要包括两大部分，分别是管理主体和管理客体，二者均要在一定管理制度与管理体制之下活动，也会受到社会环境条件的制约。水资源管理目的是指这项管理工作最终想要实现的目标。

水资源管理主体一般指开展管理工作的机构，是由不同层次的管理的组织构成的一个整体化系统。除政府及其部门外，现代水资源管理还要求将各类非政府组织、公众、生产者纳入管理主体中，实施多元共治。

水资源管理客体即管理对象，主要由水资源系统和与之相关的组织和个人构成，如水资源的开发者、利用者等。当然，管理者的系列管理行为也需要接受监管和约束，因而可以算作管理对象中的一部分。

为了实现特定的水资源管理目标，水资源管理主体对水资源管理对象的管理需要依据一定的制度、规则，运用特定的管理手段。水资源管理制度是一个复杂的综合体系，涉及水资源管理系统运转的规则及规范化要求，如水价制度、水权制度，包括正式与非正式的法规规则；既可包括对管理者约束的规则、对水资源和水环境开发利用者约束的规则，也包括协调两者关系的规则。

水资源管理体制是管理组织形式，有集权和分权管理，也有以流域或者区域为主的管理。水资源管理体制既涵盖水资源管理组织机构，也含有明确组织机构间权责的规章制度。

水资源管理方法的含义是管理主体为达成管理目标，在一定管理制度与体制的约束之下，对管理对象采取系列调控措施，综合涵盖计划、法律、行政、经济、宣传等多个方面。此外，水资源管理系统还包括影响水资源管理的多元化社会环境要素。

总之，水资源管理系统的特点是把自然界存在的有限水资源通过供水系统与社会、经济、环境的需水要求紧密联系起来的一个复杂的动态系统。现代经济的发展对水的依赖度也在持续升高，同时也对水资源管理提出了更高的要求。不同国家在不同阶段的水资源管理和社会发展环境以及水资源开发利用水平存在着非常密切的关联。另外，世界各国因为在政治、自然地理、生产水平、文化等诸多领域存在差别，所以他们在实施水资源管理当中所设置的目标、内容与选择的形式也有所不同。不过其中还存在着一个重要的规律，那就是水资源管理目标均与本地经济发展目标与生态把控目标相协调，除了要对自然资源与生态环境要素进行积极考虑之外，还需要顾及经济承受力这一要素。

（二）水资源管理的指导思想

在目前的人类公共环境治理体系当中，水资源管理是至关重要的构成部分，而这项工作的开展也离不开一定的指导思想和原则。现代可持续发展观、公共治理理念、系统理论思想等为现代水资源管理提供了基本指导思想，也为其揭示了基本指导原则。

1. 可持续发展观与水资源可持续利用思想

可持续发展观是人类文明的主要标志，现如今这样的思想观念已经渗透到人类社会发展的不同领域，也逐步成了指引人类发展的普适性原则。可持续发展强调的是既要满足当代人生存发展的需要，又不会危害到后代人需求的满足。水资源可持续利用指的是要促进水资源与经济、自然、人类生存发展相协调，保证水资源的良性循环和科学应用。与此同时，积极提倡对水资源的优化配置以及合理化应用。水资源可持续利用需要秉持科学发展观，坚持以点带面，循序渐进，提高水资源的利用效率，最终促进地区整体水资源结构的优化，让水资源真正实现可持续利用。

2. 注重经济手段应用

为了保证水资源的有效利用，提升整体利用率，需要将水资源的有偿应用作为重要准则。完善水资源费用征收管理制度，科学合理地制定水资源收费标准，改变过去价格较低甚至无偿使用的管理方式。与此同时，需要依照水资源分配额度及具体的需求做好价格的监管和调控工作，落实阶梯水价，对人们进行督促和指导工作。注意运用环境税费和生态补偿以及市场交易手段，激励用水者节约用水，要求污水排放者减少污水排放，提高用水效率并实现用水公平。其中，排污税费体现污染者付费的原则，将污染外部成本内部化，以激励企业减排；生态补偿体现保护者收益的原则，通过为水环境保护者提供经济支持来激励水环境保护行为的可持续；市场交易手段则在节水和减排能力存在差异的情形下，为通过节水和减排后水权配额结余者获取额外收益提供了途径，从而激励企业采取技术手段将用水量和排污量降低到配额限制范围之内。

3. 建立完善的水资源管理制度

健全水资源管理制度，充分发挥制度的约束和指导作用，对协调用水关系及根治水环境问题有着积极作用。针对这样的情况，要把建设水资源管理制度作为重中之重，依照地区总量控制与定额管理的实践要求，在立足水量分配方案的前提条件之下，确定流域及区域的用水许可总量，最终完成对水资源的科学化利用及合理化配置。要对用水和取水的程序进行科学设置与规范，限定用户取水量，对年度取水计划进行有效设置，同时需要做好取水权的分配登记与管理工作，完善健全水资源调配制度。另外还需要对水资源管理体系进行积极建设，加强部门之间的沟通互动，解决部门间在协同工作当中存在的问题，实现对区域以及流域当中水资源的统一调配，提升水资源应用的综合效益。

三、中华水文化促进水资源管理优化

中华水文化可以为现代水资源管理提供有益的经验和智慧，帮助优化管理理念，更好地应对水资源稀缺性和可持续性挑战。在实践中，水资源管理者可以从这些传统文化价值观和智慧中汲取灵感，以促进水资源的可持续管理和保护。

（一）确立新的文化理念

古代对于水资源进行管理，其根本目的是使不同用水者的利益得到顾及，在水事上追求社会和谐，例如在唐代灌区内的科学灌水就需要遵循先后顺序，灌区末端下游的渠道应先用水，这种规定有效避免了上下游之间在用水问题上的矛盾，保证了用水的公平性。在实践过程中，水资源管理实际上是一种区域性行为，小范围内的确能够将各方利益兼顾起来，但如果范围扩大，那么想要达成公平合理的水资源分配，几乎不可能，很难保证其和谐，甚至人为的调节还会制造出矛盾。因此，促成人水和谐是现代水资源管理的一种新型理念，为了这一目标，务必要保证人与水在自然领域中的和平共处，对水资源进行保护，对水体生态平衡进行维持，转变水资源管理的角度，从供水资源管理向需水资源管理过渡。

一直以来，在水利工作中贯彻的管理思想是使社会的用水需求得到满足，因此为了使社会的水资源需求能够充分满足，就需取水、蓄水甚至调水。在当今社会，人类飞速发展的同时，人均水资源占有比例也在逐年减少，水污染情况愈发严重，水利事业想要持续发展，必须采取有效的措施，树立起新观念，挽救当前局势，共创美好明天。

总之，未来水资源管理除了要能够保证使用量外，更多的还要满足实际需求量，因此要对单位水的使用效益要进行仔细计算，从生产布局和生活消费角度对水资源进行规划，保证将水资源的最大价值发挥出来，还可以对国外的先进经验进行学习，将节水技术大力推广，对于水资源的污染和生态保护问题上加大力度，让中华民族世世代代都能够拥有优质的水资源。

（二）传承治水、管水的历史经验

1. 梳理治水、管水的历史重要性

水是生命之源，作为人类赖以生存的重要基础资源之一，水资源在人类的发展史上占据着重要的地位。"人的思维意识是水文化传播的主体，增强民众对水资源的忧患意识有利于水资源可持续利用被受众接纳与采用。"[1] 治水是中华文明的起源，水文化更是推动中华民族发展的重要文化之一。如大禹治水的精神，一直影响着中华民族的子孙后代，通过治水行为充分体现了爱国精神与奉献精神，同时在治水中也反映出顺应自然发展的科学精神。

梳理中华民族的起源与发展脉络，不难发现治水是推动社会凝聚力提高的重要媒介，而管水是影响社会管理体系与国家体系的重要行为。古代管理系统与统治权力的初步成型，就是为了能够更好地建设与管理水利工程，在当时，为了完成水利工程在全国或重要区域的覆盖，必须有一个权威的组织进行统一指挥，而这就是政府的雏形。而也因这一特征，社会学家将这一社会形态称为治水社会，其中最有代表性的就是中国。而治水与管水行为之所以具有重要的政治与社会文化意义，也是因为其在技术性与经济性之外还具有极为重要的社会性。

鉴于水的流动性，治水不能像治土一样，仅凭数人之力即可完成，水资源流经各个地区，需要协调各地区的社会成员与团体通力合作，才能够展开高效的治水与管水工作，又由于治水与管水的社会行为多为政府所领导，因此其更加倾向于是一种行政行为。

---

① 李霄，闫彦. 浙江水文化传播机制研究 [J]. 浙江水利水电学院学报，2014，26（02）：5.

2. 突出水资源管理的政府职能与行为

在历史发展的进程中，为了更好地管理水资源，对其进行合理配置与保护，中国逐渐形成了系统的法律与制度。针对水利的法规最早可追溯于春秋时期的"无曲防"，距今已有两千多年历史，而在中国古代工程建设的文献记载中可以看出，当时工程的管理具有系统的规章制度，在工程施工中效益的分配、经费的分摊以及管理方法都需要遵循相关的成文规定。在古代，为了体现水资源管理的权威性与长期性，会进行勒石、立碑等行为，而各个朝代也针对水利工作建立了专门的管理机构，设立了水利官职，例如，隋、唐、宋时期隶属于工部的水部就是主管水政的部门，在后续的各个朝代主管水政的部门名称虽有所变化，但都是切实存在的。在民国时期，正式成立全国水利局，中华人民共和国成立后由水利部统管水政管理工作，为了更好地管理各大流域又先后成立长江委、淮委、黄委、海委等管理机构。由此也可以看出，中国各个朝代的施政工作都将水利事业作为重点之一，各阶段的治水与管水工作都属于政府职能与行为。

(三) 继承与弘扬中华水文化的优良传统

水资源管理需要在社会不断进步的过程中，摒弃错误的文化理念，引进先进文化，在全社会范围内普及节约用水、保护水资源的重要性，从文化心理上促进全民用水素质的提升。

中国民众在用水活动中也有一些地区的民俗和习惯，充分体现了对水资源的爱惜与保护，这种爱惜与保护发自人民群众的内心，例如，云南丽江，安徽宏村等，这些古村落全村遍布泉水，但在用水方面，当地人严格遵守用水规矩，对于水源的清洁和安全保护，给予了高度重视；同样在中国的江南地区，有"四水归堂"的讲究，而这种说法指的就是借助中间的天井使四面屋面上的水都流入其中再经水道流入田间，或者在天井处放置一水缸，对雨水进行收集，用作消防或花木浇灌。民俗已是约定俗成，在人们长期实践中代代相传，已然成为一种信条，深入人心，这不仅是一种珍贵的价值观念，同时凝聚了劳动人民的智慧与汗水，传承了中华民族的优秀文化精神，可见中国水文化中不乏值得弘扬与传承的优良传统。

第二节　中华水文化在水利事业中的应用

中华水文化在水利事业中的应用是多方面的，不仅滋养了文化传统，也造福了人民，促进社会的进步。这一丰富的水文化传统应该继续传承和发展，以更好地服务中国和全球

社会的可持续发展

一、水文化引入水利事业的意义

水文化建设是水利事业的重要组成部分，在现代水利事业发展全局中具有重要地位，发挥着不可替代的作用。在大力加强民生水利建设，加快推进传统水利向现代水利、可持续发展水利转变的新形势下，迫切要求以先进水文化引领水利事业科学发展、和谐发展。

当前和今后一个时期，水文化发展和建设的基本思路是：在发展方向上，要牢牢把握社会主义先进文化前进方向，始终坚持为人民服务，为社会主义服务的"二为"① 方向和"双百"② 方针，坚持弘扬主旋律，提倡多样化，努力构建社会主义核心价值体系，发展面向水利实践、面向社会、面向未来的先进水文化。

在发展目的上，要坚持以人为本，努力向全社会提供内容丰富、形式多样的水文化产品和服务，丰富并不断提升水利建设的文化内涵和文化品位，切实加强传统水文化遗产的发掘和保护，不断满足广大人民群众日益增长的精神文化需求；弘扬"献身、负责、求实"的水利行业精神，积极培育水利行业的文明风尚，着力提高广大水利职工的思想道德素质和科学文化素质，为现代水利、可持续发展水利事业提供强大的精神动力和智力支持。

在发展战略上，要提升水文化的社会影响力，促进全社会水知识的普及、水意识的增强和水观念的转变，引导社会建立人水和谐的生产生活方式，为建设资源节约型和环境友好型社会贡献力量，推进生态文明建设。

在发展动力上，要坚持解放思想，改革创新，借鉴吸收国内外一切有益文化成果，推进思想观念的创新、体制机制的创新、内容形式的创新、传播手段的创新，建立符合文化发展规律、符合水利事业发展规律的水文化建设的体制和机制。

在发展力量上，要始终坚持政府主导与公众参与相结合，充分发挥广大水利职工在水文化建设中的主体作用，最大限度地激发人民群众参与水文化建设的积极性、主动性和创造性。

二、水文化引入水利事业的措施

（一）丰富完善治水思路和新时期治水方略

我国数千年来治水理念创新发展的过程也是水文化不断繁荣进步的过程。当前加强水

---

① 为人民服务，为社会主义服务。
② 百花齐放，百家争鸣。

文化建设，首要任务就是丰富完善可持续发展治水思路，加快推进民生水利发展。

第一，借助水文化的各种表现形式，集中反映水利工作方针以及可持续发展治水思路，让广大水利干部职工全面把握可持续发展治水思路的核心理念、本质特征和实践要求，深刻认识民生水利的丰富内涵、时代特点和重点任务，进一步明确新时期水利发展的科学定位、发展战略和发展重点。

第二，通过水文化建设，开阔眼界，拓宽思路，启迪思维，不断深化对自然规律、经济规律、社会规律和水利发展规律的认识，牢牢把握水利发展与改革的阶段性特征。

第三，善于从人与自然关系的发展变化中审视水利实践，正确处理水资源开发利用和节约保护的关系；善于从服务民生、改善民生的角度审视水利实践，始终把解决人民群众最关心、最直接、最现实的问题摆在水利工作的突出位置。

第四，在群众中广泛开展丰富多样的水文化活动，把治水实践中的新认识、新做法、新精神提炼升华为全社会共同的文化认知，促进社会公众对可持续发展治水思路和民生水利的认知和支持，推进传统水利向现代水利、可持续发展水利转变。

（二）引导建立人水和谐的生产生活方式

多年来的治水实践充分说明，当前我国存在的严重水资源问题，既是长期以来人们对水的开发利用行为不当的结果，也是水文化缺失的重要表现。在推动传统水利向现代水利、可持续发展水利转变的关键时期，我们要善于从文化角度认识人与自然的关系，人与水的关系，转变水事观念，实现人水和谐。

第一，增强全社会的水患意识、水资源意识、水生态意识、水危机意识、爱水惜水节水意识，引导人们逐步形成符合生态文明要求的用水意识、用水习惯和价值体系，推进节水防污型社会建设。

第二，引导人们树立维护河流健康生命的理念，营造尊重河流、善待河流、保护河流的文化氛围，使河流的科学开发、合理利用、严格保护和有效治理成为人们的自觉行动。

第三，通过建设先进水文化，突破传统观念对人们思想的束缚，冲破制约和影响水利科学发展的体制机制性障碍，加快完善有利于节约保护水资源的法律法规和政策措施，建立人水和谐的生产生活方式，推动全社会走上生产发展、生活富裕、生态良好的文明发展道路。

（三）丰富和提升水利工程的文化内涵和文化品位

时代赋予水利新的使命、新的内涵。随着我国人民生活水平的不断提高，人们对水工程、水环境在满足除害兴利要求的同时，更加重视其文化功能和愉悦身心的作用。

在生态环保意识、文化景观意识日益增强的今天，在水利基础设施建设需要大力加强、水利支撑保障能力需要持续提升的时代，我们要打破传统的思维定式，充分发挥水、河流、水利工程的文化功能，进一步提高水利工程对生态和文化的承载能力，实现水、水工程与水生态、水环境、水景观的有机结合。疏浚河道，改善水质，活化水体，建设水景，为人们提供良好的生活环境和生存空间，使一条条清新亮丽的河道成为人们陶冶性情的好去处，一座座独具匠心的水工程成为人们寻古访今的好场所，一处处显现文化品位的水景观成为人们赏心悦目的好风景，把文化的元素渗透到水利工作的各个方面，渗透到水利建设的各个环节，展现现代水利建设的文化内涵，彰显水利工程的文化功能。这是发展现代水利、坚持走可持续发展水利之路的必然要求。

（四）弘扬"献身、负责、求实"的水利行业精神

一个人只有树立奋发向上的精神，才能作出优异的成绩；一个团体只有发扬同舟共济的精神，才能干出经天纬地的事业；一个行业只有保持生生不息的精神，才能走上繁荣发展之路。多年来，水利发展实践铸就了"献身、负责、求实"的水利行业精神，它是水文化精神形态的重要体现。

在新的历史时期，我们必须进一步弘扬水利行业精神，不断增强广大水利干部职工的价值判断力、思想凝聚力和改革攻坚力。弘扬水利行业精神，每个领导干部都要以身作则、率先垂范，用自己的模范行动和人格力量为群众作出榜样；要建立健全水利职业道德体系，使水利行业精神不仅成为广大职工日常生活的基本遵循，还要内化为价值观念，外化为自觉行动；要大力宣传水利系统的先进模范人物，充分发挥先进典型的榜样作用。

宣传先进典型，就是要提倡一种导向、一种追求、一种境界，鼓舞和激励广大水利干部职工献身水利，勤奋工作，创新求实，无私奉献，为战胜前进道路上的艰难险阻，为水利事业的长远发展提供强大的精神动力和力量源泉。

（五）积极培育水利行业的文明风尚

随着水利事业和精神文明建设的发展，水利行业的文明风尚和广大水利干部职工的思想文化素质呈现出良好的发展态势。

第一，弘扬社会主义核心价值观念，大力培育文明风尚，进一步提高广大水利干部职工的思想道德水平和综合素质。

第二，坚持不懈地用中国特色社会主义共同理想凝聚力量，集中智慧，统一步调，进

—步巩固和扩大学习实践科学发展观活动成果，建立健全学习实践科学发展观长效机制，进一步增强贯彻落实科学发展观的坚定性和自觉性。

第三，大力倡导社会主义荣辱观，加强社会公德、职业道德、家庭美德、个人品德建设。

第四，大力加强文明和谐机关创建，建设充满活力、诚信友爱、健康向上的文明和谐机关。

第五，推动学习型单位建设，培育广大职工形成科学的思想方法、工作方法和生活方式，引导广大职工培养健康的生活情趣，保持高尚的精神追求。

第六，加强基层文化基础设施建设，广泛开展干部职工乐于参与、便于参与、健康有益的文化体育活动，不断推出人们喜闻乐见的文化新形式，不断创造展的大好时机。

（六）切实加强传统水利遗产的发掘和保护

中华民族五千年治水史积累了丰富的水利遗产，它们是我们民族伟大创造力的实证，是水文化传承的载体，对今天我们发展现代水利具有重要的启迪和借鉴意义。要深入挖掘和整理水利遗产中的科学内核，特别是蕴含其中的先进思想、辩证思维、科学精神和正确价值观念等，充分认识我国传统水文化的历史意义和现实价值，将其转化为服务于当代水利建设的文化资源。

第一，组织开展水利遗产普查，通过艰苦细致的工作全面了解和掌握水利遗产的种类、数量、分布状况、生存环境、保护现状及存在的问题。

第二，研究制订物质和非物质水文化遗产评价标准和申报程序，分期分批确定水文化遗产保护名录，逐步建立国家级和省、市、县级水文化遗产名录体系，最终建成一个全国性的水文化遗产数据库。

第三，高度重视水文化遗产的保护、研究工作，履行工作职责，继承和发展古代水利科学与传统河工技术，努力做到古为今用，推陈出新。要充分发挥水利系统水文化遗产研究的优势，大力加强水文化建设，关系社会主义文化大发展大繁荣，关系现代水利、可持续发展水利事业。我们必须以更加清醒的认识、更加开阔的思路、更加有效的方式、更加得力的措施、更加扎实的工作推进水文化建设，为水利事业又好又快发展提供强有力的文化支撑和保障。

三、水文化引入水利教育育人

水利特色高校作为具有独特水文化的教育机构，具备了引入水文化来培养学生的独特优势。作为培养创新型人才的基地，水利特色高校肩负着培养新时代水利人的历史使命，同时还担负着服务经济社会发展的现代水利功能，水文化育人应该成为开展德育工作必不可少的重要环节。将水利特色高校大学生当作水文化育人的主要对象，致力于运用水文化的独特力量，采用更易为学生所接受的方式，潜移默化地教育引导学生学习水的包容奉献、感恩清廉、坚持不懈，以培养具有良好道德品质和全面综合素质人才为目标的育人实践。

随着近些年高校的综合性发展，水利院校越来越偏向于有水利学科优势的综合性大学，水利特色高校是指设有水利及涉水学科，水利专业具有比较优势的、立足和主要服务于水利事业发展需求的高等院校，主要由高等水利院校、高等水利职业技术学校组成。从学科范畴看，水利特色高校主要以水利和涉水学科为特色，重点发挥水利学科的专业优势；从人才培养层面看，水利特色高校注重与水利水电行业在人才培养方面的对接，依托高水平的水利学科建设能力，为水利行业领域输送大批科研管理人员和高科技应用型人才，为水利行业发展注入创新活力和血液。

（一）水利特色高校水文化育人的意义

1. 理论意义

水文化育人的理论意义在于丰富和发展高校文化育人的理念。高校文化育人作为教育的一项重要任务，不仅仅是知识传授，更是价值观念、道德品质和文化素养的培养。水文化育人作为文化育人的重要内容，旨在通过水文化的研究，深化对水的认识和理解，引导学生形成尊重水资源、珍惜生态环境、践行可持续发展的观念，培养具备水文化素养的高校毕业生。因此，研究水文化育人具有重要的理论价值。

（1）研究水文化育人有助于总结、概括和梳理水文化育人的内涵和价值。水文化育人不仅包括水资源的科学知识，还涉及到文化、历史、社会和生态等多个领域。通过深入研究，可以更好地理解水文化育人的本质，明晰其核心概念和理念。这有助于高校教育工作者更好地设计水文化育人的教育内容和方法，以满足时代和社会的需求。

（2）研究水利特色高校水文化育人为高校落实立德树人根本任务提供理论依据和实践支撑。高校的根本任务是培养德智体美劳全面发展的社会主义建设者和接班人，立德树人是高校教育的核心任务。水文化育人作为文化育人的一部分，有助于塑造学生的道德品质、价值观念和社会责任感。通过研究水文化育人，高校可以更好地理解如何培养具备水文化素养的学生，使他们成为具备社会责任感的公民。

（3）研究水利特色高校水文化育人有利于推进探索和完善水利特色高校水文化育人体

系。不同高校有不同的文化传统和特色，水利特色高校在水文化育人方面有独特的优势和资源。通过研究水文化育人，可以充分挖掘水利特色高校的特殊优势，推动水文化育人体系的不断完善和发展。这有助于提高高校文化育人的质量和水平。

（4）研究水利特色高校水文化育人为水文化育人凝聚共识提供理论遵循。在高校文化育人的过程中，可能存在不同的理念和实践方法，需要共识和指导。研究水文化育人可以为高校提供共同的理论基础，帮助建立一种统一的水文化育人理念和体系，从而更好地推动水文化育人工作的开展。

2. 实践意义

有利于推进水文化工作发展。新时代水利事业改革发展的目标对水文化工作的开展提出更高的要求，为此，应该加强水文化建设和管理，充分挖掘水文化中蕴藏的各类精神财富，不断创造出更多优秀的水文化成果来满足人民群众日益增长的美好生活需要，引导建立人水和谐的现代化新型水文化育人体系，提升人们节约用水意识、保护水资源、促进水环境治理等方面的能力。所以，水利特色高校开展水文化育人工作要适应新时代发展需求和社会进步的新变化、新趋势，坚持立足学校特色、服务国家战略的原则，肩负起培养时代新人的重任，为水利事业发展提供源源不断的智力支持和人才保障。

有利于提升水文化育人的有效性和针对性。水文化中蕴含的善利万物而不争的奉献精神、智者乐水的求知精神、海纳百川的包容精神，是水利特色高校大学生无私奉献、勤学苦练、深入国家水利水电事业、创新发展的重要内容和载体。探究水文化在水利特色高校文化育人实践中的重要价值，有助于提升水文化育人的有效性和针对性。有利于新时代水利特色高校实现思想政治教育的创新性发展。本文着力研究水文化的育人功能，深入探究水文化育人的新方法，针对水利特色高校创新思想政治教育工作、提高思想政治教育工作的实效性和实现水利特色高校大学生的自由全面发展具有重要的现实主义。

（二）水利特色高校水文化育人的现状

水文化作为水利特色高校独有的教育资源，具备丰富深厚的底蕴和多元的文化价值，能够影响学生对于传统道德规范和价值观念等方面的认知，是当前水利人才培养工作中不可或缺的一部分。

1. 水利特色高校水文化育人的总体概况

通过对全国水利特色高校水文化育人项目梳理发现：在水利特色高校以水文化为切入点进行育人工作具有广阔的前景，集中体现在水文化的课堂教学育人、实践活动育人、校园环境育人、科学研究育人等方面。

（1）在校园风景建设方面：学校可以通过设计和布置校园风景来强调水文化的重要性。这可以包括建设水景、水池、喷泉、小溪和水生植物等水景元素。这些水景不仅美化校园环境，还可以提醒师生关于水资源的珍贵性和保护的重要性。

（2）在校园建筑内饰环境上：在校园内的建筑物内部，可以采用水文化主题的装饰和环境设计。这包括使用水相关的艺术品、展览、壁画和装饰品，以便提醒人们关于水资源的意识和重要性。校园内部环境可以被设计成一个教育平台，向师生传达与水文化相关的信息。

（3）在水文化基地建设上：学校可以建立水文化基地，例如水文化博物馆、水利工程展示区或水文化生态园。这些基地可以用来展示水资源的历史、重要性和管理方式，同时也可以作为教育和研究的场所。师生可以在这些基地中参观学习，深入了解水文化。

（4）水文化科学研究育人。建立水文化科研基地：学校可以建立专门的水文化科研基地或实验室，为学生和研究人员提供进行水文化研究的场所。这些基地可被用于开展各种水文化研究项目，包括水资源管理、水生态学、水质分析等。学生可以参与研究项目，获取实际研究经验，培养科学研究的能力。

申报水文化研究项目：学校可以积极申请水文化研究项目，获得资金支持。这些项目可以包括基础研究、应用研究、社会调查等，涵盖多个方面的水文化。学生和教师可以参与这些项目，进行实际的研究工作，推动水文化领域的知识和技术的发展。

2. 水利特色高校水文化育人的成效

（1）开展丰富的水文化育人特色项目。近年来，水利特色高校深入贯彻党的教育方针，坚持以人为本的工作原则和立德树人的根本任务，积极探索水文化育人的工作新路径，开展了丰富多彩的水文化育人项目，进一步丰富校园水文化内涵，不断增强学校水文化建设能力和实践教育水平。

水利特色高校需要整理多年水文化研究与教学成果，赋予其新的内涵，以水为线索，融合线下和线上教学的优势，利用数字化教学资源，嵌入各模块作业和试题，做到层次分明，重难点突出。学习人员涉及全国多所水利特色高校的师生和全国水利系统干部和企业员工。如三峡大学水利与环境学院以水为源，构建"要素+平台+项目"生态育人体系，培养水利学子成长成才的"学科视野、沟通能力"等8大要素，搭建"思想学术交流、创新能力培养、学生骨干塑造平台"等5大平台以及5个平台包含的"大禹讲坛、杨帆职业生涯工作坊、水环好口才"等12个具体项目，形成了系统化、专业化、体验化、普及化、多元化的水文化育人机制。

（2）形成了以水文化为引领的人才培养模式。水利特色高校在水文化育人工作不断深入开展的过程中，形成了具有自身特点和优势的水文化育人培养模式。如黄河水利职业技术学院注重以水文化为引领，实现高水平的建设目标。通过加强党建来保障和推动水利专业群建设的发展，充分发挥党组织的统筹领导作用；通过实施"水文化铸魂工程""水文化融入工程""水文化育人工程"等工程来突出特色、彰显优势，不断推进水利专业群内涵提升，打造以水文化引领的水利专业群高质量发展模式，加快培养一批具有创新精神和实践能力的水利科技人才。

（3）呈现出立体化的水文化育人工作格局。随着经济、科技、文化的快速发展，水利特色高校水文化育人通过多平台、全方位的融入，形成了立体化的水文化育人工作格局，大学生了解水文化的途径也日趋多元化。从全国水利特色高校水文化育人的考察和调查问卷可以发现，水文化育人的方式在不断延伸，多种育人方式相互补充、融合发展。

在新的时代背景下，许多水利特色高校以水文化为依托，把水文化育人作为思想政治教育的第二课堂，开展校园水文化活动和志愿服务工作，通过理论教学和实践教学相互融合的方式开展水文化实践活动，提升了思想政治教育的育人效果，进而感染和带动更多人们关爱水资源，保护生态环境。水文化育人也成为思想政治教育的重要手段，通过水文化育人活动的开展，促进学生在实践中树立知水、懂水、乐水、爱水、节水的理念，水文化精神在大学生中不断得到践行。

（4）对大学生坚定理想信念产生积极影响。水文化育人工作的开展构筑了学生的自信心、成就感、荣誉感、使命感。一方面，学生对学校水文化育人工作的评价颇高；另一方面，水利特色高校学生对水文化育人工作的密切关注，在水利特色高校水文化育人的过程中有着良好的情感基础，更有利于水文化育人活动的开展，不断提高文化自信。大学生文化自信和价值观是水文化育人理念和实践的有力回应，也是学校水文化育人工作的成果体现。学校的水文化育人工作时刻熏陶和感染着学生坚定文化自信和理想信念，对学生的价值观养成产生积极的影响。

（三）加强水利特色高校水文化育人的对策

1. 以立德树人为根本，强化水文化育人理念

大学是以立德树人为根本使命、具有文化传承和创新功能的特定社会组织。水利特色高校必须紧跟国家相关要求，结合本校实际情况，通过加强顶层设计及相关制度的建设，以制度的形式更好地去推进水文化育人工作开展，充分利用水文化的深厚的历史背景和时

代内涵,将水文化融入人才培养方案中。加强顶层设计及相关制度的建设,以制度的形式更好去推进水文化育人工作开展,将水文化深入学生心中,并有意识地转换为行为准则,把他们培养成为社会进步的合格主力军和接班人。

(1)加强水文化育人顶层设计。

第一,党委统筹领导。学校党委应当把水文化育人工作摆在突出地位,结合学校办学特色,在学校整体规划中纳入水文化育人的内容,制定水文化育人的阶段性建设目标,进而引导学校水文化育人工作。要结合学校的实际情况,把水文化作为学校文化育人专项发展计划中的重要内容。通过制定切实可行的制度,将水文化育人的内容和要求纳入学校的人才培养方案中,规范相关工作。

第二,完善部门联动机制。水文化育人工作不是学校一个部门或者几个部门的事情,而是涉及学校部门工作的各方面,要通过物质保障、制度保障等各方面给予相应的重视和支持,特别是健全人员方面的保障机制,提供必要的运行条件和基础保障,确保各个部门之间的密切配合和协同推进。水利特色高校各部门要联合起来,明确自己在水文化育人工作中的职责,齐抓共管,党委宣传部、学生工作部、各二级学院等部门要加强水文化育人的谋划和落实,坚持各司其职、各负其责,协调配合,相互补充,形成"上下联动、纵横交织"的工作格局,将水文化育人贯穿于学校工作的各方面、全过程,使之成为教师、学生共同认可、共同参与、共同践行的一种新型的水文化育人模式,要切实发挥好水文化的育人实效。

(2)健全水文化育人制度体系。

第一,构建切实可行的水文化育人实效考核评价机制。把水文化育人工作作为学校工作考核的重要指标,是提升学校水文化育人工作水平、提升大学生水文化素养的基础性工程。以水文化育人工作为重点,坚持实事求是的原则,进一步细化并明确学校各职能部门的主体责任。主要评价指标包括:水文化学校课堂教学状况、水文化社会实践活动效果等,制定一套切实可行的考核标准,可以采取教师评、学生评、主管部门评、专家评的综合评价方式进行。

第二,建立完善的水文化育人评价反馈和激励机制。评价结果的反馈和激励是水文化育人不可缺少的环节。水利特色高校可以通过建立评价反馈档案,每个月统计评价结果,通过评价结果的反馈,能够帮助教育者及时发现水文化育人过程中存在哪些不足,并通过小组讨论进行认真提出有针对性地调整方案或者解决方案;还可以定期总结水文化育人的实践经验,将精神奖励和物质奖励结合起来,表彰在水文化育人方面的先进集体和用行动去演绎水文化内涵的典型个人,充分调动教师开展水文化育人的积极性和主动性,这对于改进和优化水文化育人质量具有重要作用。

2. 紧扣时代发展大局，丰富水文化育人内容

水利特色高校要紧跟国家和时代发展大局，立足自身发展特色，从文化建设的视角来认识办学理念、办学定位和建设目标，深刻理解水利人才培养在社会主义现代化事业中的重要地位和作用，深刻认识黄河文化、新时代水利精神内涵实质，并充分利用地方水文化资源，不断充实水文化育人的内容，在融入国家发展大局的过程中，进一步推进育人体系的探索和完善。

（1）深入挖掘黄河文化的精神内涵。黄河文化是中华文明的重要组成部分，是中华民族的根和魂。要深入挖掘黄河文化蕴含的时代价值，讲好"黄河故事"，延续历史脉络，增强文化自觉和精神动力。水利特色高校是培养优秀水利人才的摇篮，也是服务国家战略和地方经济发展的重要平台。水利特色高校在开展水文化育人工作时，要将黄河文化有机融入其中，使其成为促进水文化育人的重要载体，通过丰富多彩的活动内容、鲜明突出的主题形式以及独具特色的传播手段等措施，让学生感受到黄河文化的源远流长和独特魅力，进而提升其爱国情怀、民族自豪感。将黄河文化与水利特色高校文化育人工作相结合，既可以更好地弘扬我国悠久历史上积淀下来的宝贵遗产，又能够激励广大师生在学习中继承和发展黄河文化、增强民族自豪感，对于推动黄河流域文化建设和水利特色高校水文化育人具有积极意义。因此，深入挖掘黄河文化的精神内涵是水利特色高校开展水文化育人工作的重要内容之一，更是各水利特色高校实现德育创新、提升育人质量的必由之路。

第一，课堂教学和实践活动联动，协同发力。通过水文化课堂教学，结合学校的办学特色和专业特色，为同学讲述黄河文化背后的感人事迹，实现专业知识与黄河文化的有机融合；通过水文化社会实践，帮助大学生加深对黄河文化的认识和理解，提高大学生对黄河文化发展进程的整体性把握能力，培养学生节水、护水的意识以及继承和弘扬黄河文化的兴趣和热情。

第二，打通线上线下，提高黄河文化的传播度和渗透率。在新媒体时代背景下，网络具有良好的信息传播作用，可以增强传播黄河文化的方式，营造一个有利于黄河文化育人的良好氛围。

（2）巧用地方水文化资源。地方水文化是中华优秀水文化的重要组成部分，它是生活在某一地域的人们在长期与水相处的过程中积淀而成的，蕴含着地方独特的人文精神。因此，水利特色高校在进行水文化育人时，要巧用地方水文化资源。

第一，分类整理、整合优化零散的地方水文化资源。运用多种方式和途径，盘活各类

符合时代发展潮流的水文化资源，使其中蕴含的精神品质和水利特色高校育人工作相互融合。

第二，在教学内容和教学方式上寻找地方水文化与育人工作的契合点。水利特色高校在开展水文化育人工作中，要紧紧围绕着理论与实践相联系、内容和形式相统一的指导原则，利用富有地方特点的水文化资源制定翔实的育人规划，以实现育人工作内容与本地水文化素材之间的相互匹配和融合，让学生理性全面客观地去看待各个历史时期的水文化内涵，在实践中获得由水文化带来的深刻启迪。以"自力更生，艰苦创业，团结协作，无私奉献"的红旗渠精神为例，它为思想政治教育提供鲜活的育人素材。水利特色高校在开展水文化育人工作时可以通过开展与红旗渠精神相关的经典文学诵读活动、组建红旗渠精神社团等形式讲好红旗渠背后的故事；可以通过开展多学科立体式红旗渠精神主题教学增强红旗渠精神的吸引力。

（3）注入新时代水利精神。新时代水利精神不仅是五千年的文化传承，更是新时代的文化创新；既是传统行业水文化的传承又融入新时代治水矛盾和治水思路。水利特色高校作为培养合格水利人才的学校，其人才培养目标与新时代水利精神的内容相契合，忠诚蕴含着信仰和奉献，干净蕴含着廉洁和自律，担当蕴含着责任义务的相统一；科学强调真理和探索，务实强调真抓实干，创新强调敢为人先、锐意进取。水利特色高校对学生的教育和培养要采用科学合理的方法原则，培养忠诚廉洁、勇于担当和创新的时代新人。因此，水利特色高校要将立德树人与新时代水利精神融合在一起，运用物质载体和网络载体，拓宽新时代水利精神传播的深度和广度，创造大学生喜闻乐见的学习形式，使其成为大学生共同的价值观念和精神追求。

第一，牢牢把握校园活动这一物质载体不放松。可以通过组织志愿者活动，利用假期或者寒暑假时间到基层，进社区去进行水利知识宣讲，河流湖泊污染的治理和预防，发挥学生的积极性和主动性；可以组织学习先进水利典型事迹，通过手操报、演讲比赛和征文等形式，组织学生学习他们身上优秀的精神品质。

第二，通过新媒体这一网络载体实现教育主客体的良性互动。水利特色高校要建设好学校的官方网站，在新时代下，专门为水利精神设计一个醒目的板块，结合开展的各种活动，为新时代水利精神开辟宣传窗口；为学校搭建自媒体平台，水利特色高校可以通过官方微博、微信公众号等平台传播新时代水利精神。

3. 以课程思政为引领，创新水文化育人方法

水利特色高校应该贯彻落实"课程思政"的相关文件精神，将"课程思政"和水文化教育相融合，通过充分发挥各类课程的在水文化育人中的作用、提升青年教师水文化素养、精心打造水文化教育课程体系等途径，改革创新水文化教育教学工作。

（1）充分发挥各类课程在水文化育人中的作用。

第一，充分发挥思想政治理论课的重要渠道功能。思想政治理论课是培养大学生正确价值观和行为规范的主阵地，要坚持把思想政治理论课摆在首位，确保教学的质量和效果。因此，水利特色高校在开展水文化育人工作时，一定要突出思想政治理论课的战略地位和作用，将其置于重要的位置上，使之成为引领学生树立正确价值观、形成良好心态、提升道德素养的主渠道。

第二，发挥专业课教学的渗透作用。水文化育人属于思想政治教育的范畴，因此，水利特色高校要推进水文化"课程革命"，将水文化与专业课结合，为实现人才培养目标奠定坚实的基础。首先，要进一步探索专业课与水文化内容的结合点，着力挖掘整合专业课中蕴含的水文化资源优势，增设围绕水文化精神解读、水资源开发利用、水污染治理等内容，将水文化育人融入教育教学的全过程，不仅有利于学生接受专业技能知识，而且也有利于帮助大学生成为"自我管理、自我教育、自我服务"的新时代人才，达到水文化育人的目的。然后，要通过建立教师互评的方式来对水文化融入的情况进行实时监控，从整体上把握水文化育人的发展态势，及时发现实施过程中存在的问题和不足，并对症下药，提出解决方案加以改进和完善。最后，要建立完善的评价机制，在全校学生中对已开设课程的内容、授课方式、教学效果采取问卷形式跟踪调查，不断加强水文化教材建设，对较为成熟且效果明显的课程编写教材，以《中华水文化》国家精品在线课程为示范，申报优秀课程建设及教学改革项目，推进精品课程建设，提升课程教学和建设上水平。

（2）提升青年教师水文化素养。

第一，水利特色高校的老师，更要注重不断提高自身水文化方面的认识储备，只有这样，德育工作才会更具有说服力。教师应该注重自己的个人修养和言行举止，为学生成长和发展提供明确有效的指引，因此，水利特色高校要引导教师以水的品质来激励自己，将水坚韧、灵活、淡泊的高尚品格融入育人工作中，一方面以水的品质励己，正身为范、厚德为美，另一方面以水的内涵鉴己，敬业奉献为荣。水利特色高校教师应当积极投身于培养水资源领域的优秀人才，努力实现水的坚韧、灵活、淡泊的高尚品格在学生身上的传承和培养。

第二，水利特色高校也应该不断加强对青年教师的水文化培训，加强对教师的水文化知识的培养，开展水文化学术论坛、水文化教育基地学习等，通过呼吁教师积极参与其中开展交流，不断丰富教师的水文化知识储备，使水的内涵和品质真正内化在教师心中，进而实现专业课知识和水文化资源的双向互动，实现水文化育人的功能。

第三，鼓励全校教师积极开展水文化的相关研究。水利特色高校可以依托自身优势，建立激励机制，把水文化素养作为教师日常考核的一个重要指标之一，奖励那些在水文化育人工作中作出突出表现的教师进行奖励，促进教师团结协作开展水文化相关研究的积极性，主动探索专业课堂教学内容和水文化的相关性，坚持"以人为本、以水育人"的理念，从人才方面为水文化在德育工作中的全面渗透提供强有力的支撑。比如，每年固定时间举办水文化育人先进个人表彰等典礼活动。通过评选先进，不仅可以激发教师组织参与水文化育人活动的动力，而且可以使学生提高学习水文化的自觉性。

（3）精心打造水文化教育课程体系。

第一，水利特色高校要创造完善的条件，加快开设水文化必修课的步伐。学校要把《水文化概论》《中国水利史》等课程作为本科阶段基础教育的必修内容，相关部门要对水文化必修课程的设置给予政策支持和经费保障，为开展好水文化必修课提供坚实的物质基础，并鼓励教师以观看水文化专题片、拍摄水文化专题视频等多样化的方式来拓宽水文化必修课的教学途径，在教学过程中注重培养学生对水文化相关知识的学习兴趣，有助于学生清晰解当前水资源的现状以及其中蕴含的人文精神和科学精神，增强生态环保意识和社会责任意识。

第二，做好水文化课程和专业课之间的有效衔接。水利特色高校要对学生进行有效的水文化教育，仅依靠其中一两门必修课是远远不够的，要通过与其他专业课之间的有效衔接，高度重视和发挥具有理论性和系统性的课堂教学在水文化育人过程中的核心作用，打造完整的水文化教育课程体系。

探索适应新时代水利特点、培养新时代水利人才的途径，建立灵活多样的课程体系和互动交流的教学平台，不断提升课程教学效果和质量，深入推进课堂改革创新，不断升华课堂教学内涵，以此来增强水文化课堂教学吸引力、感染力和渗透力，为实现水文化育人的目标奠定坚实的基础。水利特色高校要大力推进课程思政建设，树立"大思政"工作格局，在教育教学全过程渗透鲜明的育人导向，通过梳理挖掘各类课程中蕴含的德育元素，重视将历史、哲学、经济等理论知识与水文化内容相互融通，精心打造包含思政课、人文素质课、专业课等在内的水文化育人体系。

4. 以水文化育人为核心，凝练特色大学精神

水利特色高校肩负着特殊的办学使命和任务，在长期的办学发展和服务经济社会发展的过程中，形成了独具特色的大学精神文化。新时期要求水利特色高校要紧紧围绕一个"水"字，借助优秀校友和榜样的力量来培养人才、凝聚力量，以此提升办学品质，以水文化育人为核心，进一步凝练特色大学精神。

（1）凝练水利特色大学精神文化。

第一，不断凝练水利特色高校精神文化的核心层面。传承和创新是文化建设的根本，也是文化永葆生机活力的关键。水利特色高校的特色精神文化的凝练过程也需要坚持传承和创新的相统一的原则，在学校发展的各个阶段上不断挖掘学校文化积淀，凝练水利特色高校精神文化表述，这有利于大力传承和弘扬优秀办学文化传统，发挥特色大学文化的导向、凝聚、辐射功能，为培养担当民族复兴大任的时代新人作出水利特色高校应有的贡献。

第二，注重特色大学精神文化的倡导和践行。在水利特色高校大学文化落地的具体方面，要注重把特色大学精神文化和学校育人工作相结合，将特色大学文化转化为学校的软实力，凝练为文化各方面，如精神内涵、制度构造、特色大学文化符号等，坚持时时讲、处处讲，落到制度，形成标准和行为准则。不断丰富形式，开展特色大学精神文化教育；以特色大学精神文化为引领，打造水文化育人品牌。水利特色高校要紧扣特色大学精神文化，打造"水文化精品课程、水文化精品活动"等品牌，大力弘扬大学文化精神，强化校园品牌效应。要坚持提高质量和打造精品相协调，将特色大学精神文化和学校水文化育人工作相结合，帮助学校在形象塑造、成就展示等方面根据自身的实际情况突出特色，将特色大学精神文化和精品建设相结合，打造具有自身特色的水文化育人精品。

（2）积淀校友文化以传承和创新特色大学精神。

第一，发掘校友资源，繁荣校友文化。校友资源是特色大校的重要组成部分，也是我们建设高质量大学必不可少的宝贵财富，更是培养人才、创造就业机会、推动经济社会发展的有力支撑，以其丰富多彩的文化内涵和深厚的历史积淀深刻影响着广大师生的思想观念、道德情操和行为方式。通过用校友的奋斗经历和感人事迹激励和引导学生，提升学生对特色大学精神的认同感，丰富大学生的精神食粮，帮助他们树立远大理想、明确奋斗目标。

第二，积淀校友文化，创新特色大学精神。水利特色高校的校友大多集中在水利行业，他们身上所表现出来的精神品质，无不体现着水文化精神对他们的影响，这也正是传承和创新特色大学精神不容忽视的一部分。首先，要结合校友和学校特点，以自身的校友会为基点，在全国乃至全世界范围内建立区域性校友会，建立编织一个纵横交错的校友会网络。其次，要为校友提供与母校沟通的互动平台，通过校友的专业技能为学生进行专业教育，邀请校友回母校讲授成功经验，然后通过演讲比赛、征文等形式，组织学生们学习优秀校友身上信念坚定、忠诚为民的政治品格。

第三节 中华水文化在文化传播中的应用

一、中华水文化传播的实践——以三峡为例

（一）三峡水文化的特征

第一，历史性。在远古时代，三峡地区就有着黄牛开峡、大禹治水的历史传说，三峡水文化与古老的巴楚文化密切相关，这也体现了它的历史性。

第二，整体性。三峡水文化的物质财富（包括水域、水体、水利工程、水环境等）和精神财富（包括水观念、水习俗、水精神及其所体现的价值观念等）都与水息息相关，这是它的整体性。

第三，深邃性。水在三峡文化中有着丰富的象征意义，三峡水蕴含着生命、坚韧、沟通、奉献等深刻的"水"的哲理与文化。

第四，传播性。三峡水文化的物质财富文化和精神财富文化都可以通过多种大众传播媒介进行交流、互动、放大，这便是它的传播性。

三峡水文化这些突出的特点，形成了三峡水文化的独特内涵，由此影响着三峡地域文化的形成和发展。

（二）三峡水文化的传播价值

1. 有助于践行时代理念

树立和践行绿水青山就是金山银山的理念，坚持节约资源和保护环境的基本国策，像对待生命一样对待生态环境。

三峡水文化的传播，能够促使社会公众从文化的角度反思人与自然的关系，从而实践"绿水青山就是金山银山"的时代理念。三峡水文化传播，能增强人们对三峡区域的水资源意识、水危机意识和水生态意识，从而上升到对整个水文化的认识，以此引导人们形成"人水和谐"的发展理念，引导全社会建立符合水资源可持续利用的生产生活方式，形成符合社会主义生态文明建设要求的水资源开发模式。

2. 有助于三峡区域的城市形象建构

三峡水文化借助书籍、期刊、广播、电视、网络等大众传播媒介，通过文字符号、声

音符号、图像符号传播城市的视觉形象和经济实力形象，加深全社会对三峡地区城市的第一直观感受。城市形象主要包括城市"硬形象"和"软形象"两个方面。三峡水文化传播可以展现三峡区域城市的自然水域景观、自然资源、道路交通等外在的城市"硬形象"，更能诠释三峡区域的城市文化、城市精神、市民道德素质等内在的城市"软形象"。水文化传播有助于三峡区域城市形象的建构，让受众从媒介传播中感受到三峡地域城市的人文风情和城市文化氛围。

3. 有助于三峡区域的文化产业发展

文化与经济的发展是相互交融的关系，文化产业的发展可以获得巨大的经济价值。我们把三峡水文化作为一种重要的文化资源加以开发利用，让水文化成为区域产业发展的重要力量，发挥文化在推动经济社会发展中的作用，促进三峡区域文化产业的发展。比如"中国长江三峡国际旅游节"凭借长江三峡丰富的旅游资源，整合旅游资源，渝鄂两地确定合作共赢的旅游发展理念，取得良好的经济效益。

加强三峡水文化自身的传播，就要加大三峡水文化的旅游业、影视业、出版业等多个行业的传播力度，形成产业化的运作方式，形成三峡水文化与相关文化产业的可持续发展模式，实现其经济价值。

（三）三峡水文化的传播策略

1. 强化三峡水文化传播的政府作用

在"绿水青山就是金山银山"的科学理念下，政府如何引导和规范三峡水文化的建设与发展、传承与保护，是政府部门面临的重大研究课题。强化三峡水文化传播中的政府作用，加强政府对三峡水文化传播的价值引导和政策扶持，是三峡水文化传播的重要保障。政府部门要重视三峡水文化建设在城市形象塑造、生态文明城市建设、旅游经济发展等方面的重要性。三峡水文化建设与传播彰显着人与水、自然、社会和谐共融的生存状态，传播着三峡人的精神观念，诠释着三峡水文化的精神内核。三峡水文化的传播对于解决水问题、研究水文化、缓解水危机具有重大现实主义，地方政府的有效干预能促进三峡水文化健康有序地传播，进而推动地方区域水文化建设的进程。

2. 重视三峡水文化的教育传播

国外对水文化传播研究关注较早，开展多种形式的水文化教育活动，有利于推动水文化的传播。因此，要加强地方院校"三峡水文化"的教学和科研工作，把校园水利文化建设作为校园文化建设的重要组成部分。课堂上要加强三峡水文化教育，在校园里营造爱护水、节约水的意识，提升大学生的文化素养，真正理解实现人水和谐发展的生态意识。

高校应当以三峡水文化为依托，充分利用三峡地域特色开展科研工作，在此基础上成为一个水文化积淀深厚的校园。同时，高校要积极开展多样的校内外水文化社会实践活动，通过在校内举办以三峡水文化为主题的摄影作品大赛、微视频大赛、书画比赛、征文比赛等多种形式的比赛传播三峡水文化，在校外与地方水利水电部门合作创新教育活动，在实践中感受三峡水文化的魅力与意蕴。

3. 搭建以新媒体为主的多媒介传播平台

三峡水文化传播形成了口头媒介传播、印刷媒介传播、电子媒介传播的多媒介传播平台，而以互联网和移动通信为代表的新媒体平台无疑是当下最活跃的现代传播形态。三峡水文化可以利用微博、微信、抖音等各大新媒体平台传播，建立相应的数字传播平台，综合运用三峡水文化的文字、图片、视频、音乐音响等符号因素，发布以三峡水文化为主题的多种活动信息。同时，要充分利用社交媒体的优势，借助"互联网+三峡水文化产品"的宣传推广模式，长期持续发布三峡水文化的相关信息，让更多受众了解三峡水文化，打造三峡水文化品牌。

4. 重视三峡水文化的文化创意产业传播

可以从文化创意方面挖掘三峡的"水文化+"产业，创新发展模式。

（1）"水文化+"影视产业。三峡水文化底蕴极为浓厚，神话故事、峡江号子、巴山文化等传统元素通过新的创意能够打造出富有三峡特色的微电影、宣传片、纪录片，地方媒体也可以制作与三峡水文化主题相关的节目。

（2）"水文化+"科技。借助科技创意，创新艺术表演形式，是近几年文化发展的热点，如利川腾龙洞利用现代技术举行的激光秀表演，在赢得较好的旅游经济效应的同时，充分展现了城市文化和城市形象。对于三峡区域城市发展来说，独特的水文化财富是三峡区别于其他区域的文化，保护和传承这些优秀的文化遗产，更重要的是在这些艺术上进行形式和内容上的创新，利用科技创意拓展新的艺术表演形式。

（3）"水文化+"节庆营销活动。三峡水文化的传播应该借力节庆营销发展文化创意产业，如"中国长江三峡国际旅游节"就是很好的发展契机，使其成为品牌，既能吸引游客，又能增加三峡水文化的传播与输出。另外，围绕三峡水文化举办三峡微电影节、摄影艺术展等相关的其他节庆活动，将这些节庆活动与城市形象联系起来，多角度传播城市信息和文化，不仅能拉动三峡的旅游业发展，而且能加深社会大众对三峡水文化的认知。

总之，水文化是一种社会文化，水与人类、与社会、与文化都有着密切的关系。三峡流域的每段支流都有其独特的衍生文化，三峡水文化在中国水文化和三峡地域文化中都具有重要的地位。三峡水文化的内涵影响着三峡地域文化的形成和发展，更重要的是，三峡水文化的发展受传播策略的影响，要从政府部门、教育机构、媒体、文化产业部门等多方面加强其传播，从而促成三峡水文化的传承、创新与发展。

二、中华水文化传播的优化策略

（一）传承传播中华文化是水文化传播的第一使命

中华民族伟大复兴需要以中华文化繁荣兴盛为条件，文化是民族生存和发展的重要力量。水是文化之源。我们的祖先从森林中走出，在荒莽草泽中四处奔波，最终在江河岸边停下脚步。所谓"择水而居"或者说是"傍水而居"。水使人们得到充足的食物和"舟楫之利"，帮助我们走上发展的道路。

中华民族从大河文明一路走来，江河不仅是我们的生命之源，还是我们的精神家园。我们习惯把一条河流称作一个地方的母亲河，这里面包含着对甘甜乳汁的依赖、对温暖怀抱的眷恋，以及对生命意义的探求。水是文化的归属，是灵魂的安放和文明的传承。因此，从某种意义上讲，传播水文化就是在传承、传播中华文化——水是中华文化的载体，水文化是我们关注中华文化的视角，水是我们传承中华文明的平台。

（二）丰富精神文化生活是水文化传播的价值体现

水文化的本质是人与水关系的文化。水的"无处不在"使得水与人类的生产生活和生态文明建设有着密切关系。可以说与水相关的文化，内涵丰富，外延广阔，所以水文化的内容也丰富多彩，可以极大地满足人们对美好生活的需求。

在水文化传播中，尤其需要关注中华水文化的传播。这不仅仅是因为中华水文化与我国悠久的历史和灿烂的文化紧密相连，更是因为这一传播过程有助于我们坚定文化自信。文化自信是更基础、更广泛、更深厚的自信。水文化可以成为传承中华文化的载体，在增强中华民族的文化自信中体现价值、贡献力量。总之，水文化传播可以丰富文化生活，坚定文化自信。

（三）服务当前治水事业是水文化传播的主要任务

特殊的地形地貌和季风气候，决定了我国是一个水旱灾害频发的国度，因此治水始终是治国安邦的大事。治水活动创造了中华民族物质文明，更创造了中华民族的精神文明，在中华民族集体人格的塑造中发挥了重要作用。

人们在用水、治水、管水、护水的过程中，认识水、思考水、欣赏水、赞美水，形成了许多宝贵的文化。认真挖掘、整理和传播水文化，一是可以汲取前人的智慧、传承水利精神，作用于当今的治水实践；二是可以帮助了解治水理念，让生活在今天的我们，从古人对自然敬畏的态度上，找回血液中人与自然和谐共生的基因；三是可以提高水利工作者的人文素养，增强其文化底蕴和文化内涵。这些必然对当今的水利事业发展起到积极的推动作用。

总之，水文化传播可以帮助我们汲取前人力量，服务当今水利事业。

（四）促进水情教育工作是水文化传播的重要职责

中央历来高度重视水利工作，把水利教育纳入国民素质教育体系和中小学教育课程体系，作为各级领导干部和公务员教育培训的重要内容。

面向社会开展水情教育，主要内容包括水状况、水政策、水法规、水常识、水科技、水文化等六个方面的内容，而水文化是其中重点。不仅如此，从开展水情教育的方式方法上看，水文化传播还可以成为推动此项工作的重要抓手以用文化传播的方式开展教育，可以让水情教育更加生动有趣、可亲可近；通过文化的长期浸润，让教育达到最佳效果是殷切的期盼和深沉的期待，让大家在轻松愉快的氛围中接受水文化传递的价值观。总之，水文化传播可以在水情教育中充分发挥作用。

（五）培养水利工作者是水文化传播的关键一环

水利新闻工作者，既是水利人，也是新闻人。作为水利人，对水的问题应该有深刻的认识，对水应该有深厚的感情，应该自觉地扛起水文化传播的大旗。无论是在历史里汲取智慧，推进当前的治水事业；还是面对公众，开展水教育获得更多关注与支持，水利人在传播水文化上都应该当仁不让。在通过水文化传承中华文明方面，水利人要责无旁贷，要有舍我其谁的使命感。而新闻宣传是一份光荣的工作，新闻人肩上的责任很多很重，其中有一个使命不能忘记、不容忽视，那就是传播文化、传承文化。

总之，在中华民族五千年的文明中，治水文明扮演着非常重要的角色。在这个过程中，我们的先人创造了丰富多彩的水文化，值得我们继承和发扬。当代水利新闻宣传工作者有天然的职业优势，既要记录当代水利建设成就，宣传弘扬水文化的创新，也要将历史留给我们的丰厚宝贵的精神财富，传播开来、传承下去，勇于承担起"为往圣继绝学"的历史使命。

第四节 中华水文化在信息资源管理中的应用

水文化信息资源是蕴含在水事活动中的人水和谐的标识符号，折射出水文化的特征和精髓。梳理中华水文化发展史，厘清中华水文化信息资源的内涵，归纳提炼其特征，明确主旨核心，对于传承弘扬新时代水利精神，建设具有中国特色社会主义先进水文化显得尤为迫切。

一、中华水文化信息资源的内涵

在五千年的治水兴水伟大历史实践中，中华民族形成了历史悠久、类型多样、价值独特的中华水文化信息资源。中华水文化信息资源大都以物质、精神、制度和行为等记述中华水文化治水文明史，讲述中国治水兴水的水利故事，传承新时代水利精神，构成水利人的精神家园。中华之水世界、水自然，尤其是中华江河湖海之水系运转，是中华民族文化创造和创造文化的重要源泉，也是中华水文化信息资源的重要来源。究其原因在于中华水文化信息资源的形成：一方面取决于中华民族对水的认识和利用，是中华民族赋予"水"以丰富的文化内涵，文化的主体是中华民族，中华水文化源于中华民族对水的感悟、体验、认识和改造；另一方面也结源于水作为人类生存环境的自然资源存在，即与水的客观属性、水的自然形态、水的运动方式、水的循环演变情况密切相关，中华水文化信息资源没有也不可能脱离中华大地的"水世界"或水自然状态。由此可知，中华水文化资源深深地植根于中华民族与中华之水的错综复杂的关系之中。

纵观中华水文化信息资源发展史，就是一部中华民族治水兴水、利水用水、节水护水、祈水忌水、亲水嬉水、咏水写水的水文化信息资源发展史，中华水文化信息资源记载传播中华民族亲水爱水情结、崇水畏水心理、治水兴水实践、识水思水智慧等重要内容。从一定程度上说，中华水文化信息资源是中华民族在长期从事与水有关的各类活动中积累起来的包括信息技术、设施、信息生产者等在内的总的成果，是以认识和开发水资源为核心的信息活动要素。

二、中华水文化信息资源的特征

中华水文化信息资源蕴含在人类认识水、开发水、利用水、治理水、保护水、品鉴水等方面的水事活动社会实践中，也体现在人与水相关的价值观念、思维方式、文学艺术、信仰、科学技术、伦理道德和风俗习惯等精神层面中，既有水文化的特征，又兼有文化信息资源的特性。具体来说，中华水文化信息资源具有自然人性化、客观实在性、人文积淀性、历史传承性和丰富多样性等五个方面的特征。

（一）自然人化性

人水和谐作为水文化信息资源的精髓，是来源人类的社会实践活动对自然水资源的适度作为，通过适度合理水事实践活动，变天然自在的自然为人化的自然，最终达到人与自然高度和谐的水文化信息资源。

水文化信息资源原本是一种天然的自然存在物，不仅是人类的生命之源，更是人类的生产之要和生态之基。人们通过自身的实践活动，逐渐消除水与人之间的那些紧张的甚至是对抗的关系，通过水利工程兴建、江河湖泊治理、治水理念变革达到兴水利除水害的目的，从而反映出"利水"的人与水和谐相处的文化信息态势。人自身的活动作用于水的过程中的文化信息资源成果，也就是作为自然的水文化信息资源不断人化的结果。

中华水文化信息资源的"人化"过程主要有三种信息资源形成方式：一是通过治水、利水、用水，使水直接服务于人，如南水北调工程水文化信息资源所反映的中国人民跨越半个世纪的调水梦；二是在人与水打交道的过程中，使得纯自然的水打下了人的精神烙印，使得水成为人类的某种精神象征，如"舍小家为大家、三过家门而不入"的大禹治水精神；三是作为人们的生存环境而被赋予文化意义的信息资源。

（二）客观实在性

水文化虽然是自然人化的结果，但水文化信息资源载体一旦形成就具有客观实在性。也就是说，中华水文化信息资源并不是任何人的一种主观臆想，是在人类社会发展历史进程中形成的，也是人们在长期治水兴水活动中归纳总结、提炼升华形成的，可以是以物态方式陈述水利变迁信息，也可以是精神层面活化在现实生活中的信息。

中华水文化信息资源客观性源自水利社会实践，还源自水利人的行业文化，并影响和指导水事活动的实践与涉水行业的生产生活。中华水文化信息资源的客观存在性表现在：

第一，中华水文化信息资源，是一种既定的事实性信息，也就是说中华水文化信息资源作为一种"历史事件"，客观地表现为一种物质实践的劳作过程，是一种真切的历史存在。

第二，中华水文化信息资源，是一种历史文化资源，历史上曾经存在的水文化"事件"经过长期积淀而保留至今，形成了水文化实物性遗产，如都江堰水利工程遗存和黄河故道及其文化遗产资源。

第三，中华水文化信息资源，是一种历史记录性信息，无论是物质层面的水文化信息资源构建，还是精神层面的水文化信息资源构建，都在不同历史文献中有所记载，并成为一种文献信息资源。

（三）历史传承性

历史传承性是中华水文化信息资源的一个重要特征，中华水文化信息资源是通过水文化的历史传承性表现出来的，可以说没有传承就没有发展，反过来说没有发展也就没有传承，二者是相辅相成、互为因果的两个方面。任何形式的人类水文化成果，其深厚的文化蕴涵，都是经过一代又一代人的不断探索与实践，在传承中发展、在发展中创新的，也都是在传承创新中凝练升华，不断深化的。

只有在传承的基础上，水文化才能够得以发展。每一代人都要继承前人的成果，汲取前人的经验，才能够不断改进和创新。传承不仅仅是传递知识，更是传递文化的精神和价值观。只有通过传承，才能够确保水文化不断深化，不断升华。水文化的传承是一种责任，是对前人的尊重，也是对未来的承诺。只有在传承中，才能够保持水文化的独特性和鲜活性。

发展是传承的结果，也是传承的目标。每一代人都要为水文化的发展贡献自己的力量，不断创新，不断拓展水文化的领域。发展是一种使命，是对传承的回报。当我们继承前人的成果，同时也要为后人创造更多的机会，使他们能够继续发展水文化。发展也是一种挑战，因为时代在不断变化，我们必须适应新的需求，拥抱新的技术，才能够不断壮大水文化。

中华水文化的历史传承性是一种宝贵的财富，是一种文化的传统，是一种文明的延续。只有通过传承，才能够将这一宝贵的财富传递给后代，使他们能够继续发扬光大。只有通过发展，才能够使这一传统焕发新的生机，不断壮大。历史传承性是中华水文化信息资源的精髓，是其独特之处，也是其不断发展的动力。在传承和发展的双重推动下，中华水文化将继续繁荣，绽放出更加灿烂的文化之花。

（四）人文积淀性

中华水文化信息资源是人化和社会化的结果，具有人文性和社会性特点。任何一种中华水文化信息资源的形成和发展，都是一个不断积累和逐步凝练的过程，从而具有"内化于心、外化于行"的人文价值属性，在中华水文化信息发展史上具有重要地位。

第一，中华水文化的人文积淀性表现为水在人们心中的重要地位。水在中国传统文化中有着独特的地位，被赋予了丰富的象征意义。水被视为生命之源，是生活和农业生产的基础。因此，人们对水有着深刻的感情，将其视为宝贵的资源。这种情感在古代文学、绘画、音乐等艺术形式中得到了淋漓尽致的表现，进一步强化了水文化的人文性。

第二，中华水文化的人文积淀性还体现在社会层面。水在中国社会中不仅仅是一种资源，还是社会发展的关键因素。水利工程的建设和管理需要团队合作，这促进社会的互助和合作精神的形成。古代的灌溉和水利工程的建设，需要集体努力，促进社会的团结和协作。这种合作精神不仅帮助了水文化的传承和发展，也在中国社会中产生了深远的影响。

第三，中华水文化的人文积淀性还表现在其对道德和价值观的塑造。水文化强调节约和保护水资源，这与中国传统的节俭和环保价值观相契合。通过水文化的传承和教育，人们受到了道德和价值观的熏陶，形成了珍惜资源、爱护环境的良好品质。这种价值观在中国社会中具有深厚的影响，不仅影响了人们的日常生活，也影响了政府的政策制定。

总之，中华水文化不仅强化了水在人们心目中的地位，还促进社会的合作精神和道德观念的塑造。通过这种人文积淀性，中华水文化信息资源得以传承和发展，同时也为社会的进步和文明的发展作出重要的贡献。这种文化资源不仅是中国传统文化的珍贵遗产，也是当代社会的宝贵财富，值得我们珍惜和传承。

（五）丰富多样性

由于人类的水事活动历史悠久、领域广泛、形式多样，中华水文化信息资源的表现形式也是丰富多样。中华民族在水资源开发利用活动中会形成不同表现形式的中华水文化信息资源，如表现于治水领域的工程文化信息资源，表现于文化艺术领域的咏水写水文化信息资源和画水摹水文化信息资源，表现于民风习俗领域的崇水祈水文化信息资源，表现于观物创造领域形成法水象水文化信息资源，表现于科学技术领域形成水科学、水工程、水技术、水工具等文化信息资源。同时，即便是在某一种水文化信息资源内部，也存在着丰富的内涵和多样的表达形式。

三、中华水文化数字化档案建设

水文化档案是水利事业发展的历史记录，具有极为重要的参考价值。我国水利文化历史悠久，历代先辈们推出了一系列关于水利、农政等方面的典籍。我国水文化方面的档案资源非常丰富。水文化档案建立之目的是将珍贵的水文化资料更好地传承下去。我们必须转变传统档案管理理念，结合时代特征，实现水文化档案信息资源的数字化。

信息时代下，推进中华水文化数字化档案建设是时代发展的必然要求，更是档案管理事业发展的主要方向。近几年，我国不断加快水利部门档案数字化建设的进度。例如，南京市水利局开展水利数字档案室建设，通过系统查询及利用信息资源变得更加快捷，为水利档案的升级工作提供了巨大助力。中华水文化数字化档案建设内容如下：

（一）创新文字录入方式

水文化是中华文明的重要组成部分，承载着千百年来的民族智慧和传统。水文化档案中的生僻字、通假字以及行文规范与现代行文的迥异是影响我中华水文化数字化档案建设的主要问题之一。为了保护和传承这一宝贵遗产，我们需要创新我国当前的文字录入方式。

第一，我们可以利用光学字符识别（OCR）技术，将纸质文献转化为电子文本。OCR技术可以高速扫描文献，自动识别和转录文字，提高数字化的效率。此外，OCR还可以自动校正错别字，提高准确性，特别适用于古老文献中的字迹模糊或破损的情况。

第二，语音识别技术也可被应用于数字化档案建设。通过将口述或朗读的内容转化为文本，可以快速建立数字化档案。这对于口头传承的水文化信息尤为重要，因为口述传统通常不易转化为书面文字。语音识别技术的发展，使得这一过程更加容易实现。

第三，协作式录入是另一个创新的方式，可以提高数字化档案的质量和效率。在这种模式下，多个志愿者或专家可以协同工作，共同录入文献信息。通过分工合作，可以更快速地完成数字化工作，同时也能够相互校对，减少错误。

第四，应用人工智能技术进行自动化文字录入也是一种创新的方式。通过训练模型，使其能够自动识别和录入文献中的文字，可以极大地提高数字化的速度和准确性。这种方式尤其适用于大规模数字化档案建设项目。

（二）建立完整的水文化档案数据库

我国发展新型数字化录入技术，以完善水文化档案数据库内容成为关键所在。数据库内容的完善工作具体包含以下环节：①利用计算机对古籍内容进行加工、调整和巩固，使得数字化后的古籍内容能够被现代使用者所理解。②提供强大的链接支持，即进行全文数据库的建设，将传统古籍纸质形式转变成现代化的数字文件；通过以上两种形式的操作，能够有效丰富我国档案馆中水文化数据库内容。

从馆藏视角来看，我国当下档案馆需要更新理念，建立开放、合作、共享的全新理念，保证馆际之间及时的信息交流；加强对古籍文献资料数字化的统一管理，加快推进古籍书目数据库建设。另外，在建立统一数据库时，我们应当以国家档案馆使用的数据库为基础，进行相关内容的及时更新，确保地方档案馆知识层面的丰富性、广泛性，促使地方馆藏机构更好地开展古籍文献数字化工程。

（三）提高数字化建设队伍素质水平

建设新型水文化档案涉及诸多全新的知识、技术，需要加强对档案管理队伍的综合素质培养。这是实现档案数字化建设的前提条件。政府部门应该鼓励社会组织机构积极对档案管理人员开展培训工作，通过多渠道对档案管理人员的工作应变能力及专业知识再学习能力进行培养，以适应水文化档案数字化的需求。

针对古籍水利文献文字录入困难的问题，档案馆可以定期开展相应的业务能力培训课程，主要针对水文化档案数字化过程中面临的专业术语转述、生僻字的录入等问题，保证相关工作人员能够稳步开展数字化工作。此外，针对数字化过程中计算机应用技术难题，可引进先进的设备，实现硬件设施的升级。随后，在此基础上大力开展员工计算机知识培训，通过实践演练操作，确保水文化档案数字化工作人员的操作越来越熟练，不断提高档案的数字化效率。

第三章　中华水文化的古代哲学思想

哲学是人类思维高度发展的产物，是人对于整个世界（自然界、社会和思维）的抽象性认识，是自然知识和社会知识的概括和总结，是理论化、系统化的世界观。我们通过对水文化与不同哲学思想的关系进行深入研究，可以更好地理解古代中国哲学的精髓，以及这些思想如何塑造了中国文化的独特面貌。

第一节　水文化与儒家思想

源远流长、博大精深的中华水文化凝结出了儒家哲学思想和道家哲学思想，为儒家哲学思想和道家哲学思想埋下了不同底色，使儒道哲学思想彰显出了不同的色彩。

一、儒家名人的水文化哲学解读

（一）孔子

孔子是儒家文化的创始人，其思想宝库中含有丰富的水文化的内容。孔子通过对水德观察和思考，使之与他的学术思想、政治主张、哲学观点等融合在一起。

1. 水之道——"仁"

"仁"是孔子思想学说的核心，将水比作有德行的君子，有德有仁。他还借助水，体现仁德重要，"民之于仁也，甚于水火。"孔子的名言："仁者乐山，智者乐水"，将智者与水联系在一起，宣扬他的"仁"。

水之所以被孔子这样的智者所乐，不仅是因为水的各种自然形态能让孔子流连忘返，赏心悦目。同时，水还能洗掉人们身体和心灵的污垢，让人的身心保持一种净洁清明的状态。而且更为重要的是，水具有川流不息的特点，水的各种自然形态和功用，常常给智者认识社会、人生乃至整个物质世界以启迪和感悟。可见，孔子的"乐水"，绝非仅仅是陶醉、流连于水的自然之趣，更主要的是通过对水的观察和体验，从中领略人生的真谛。

水的"似德""似仁""似义""似勇""似智""似圣"等特征，与儒家的伦理道德有着十分相近的特征，因而为孔子和儒家的"智者""君子"所愉悦。孔子顺理成章地把水的形态和性能与人的性格、意志、知识、道德培养等联系起来。水也就成了体现孔子伦理道德体系的感性形式和观念象征，成了儒家文化的道德之水、人格之水。总之，智者乐水是因为水具有人一样的仁德。

2. 乐水

关于孔子"乐水"的事实，在许多历史典籍中都可以找到根据。如《论语·先进》中记载了这样一件事：一天，孔子饶有兴致地问围坐在自己身边的几位得意弟子的志向，子路、冉有、公西华纷纷慷慨陈词，表达了自己不凡的理想和追求。唯有曾点（曾晳）与众人的志向相左："莫春者，春服既成，冠者五六人，童子六七人，浴乎沂，几乎舞雩，咏而归。"意思是说，暮春季节，春装做好了，和五六成年人、六七少年人，结伴到沂水里去游泳，然后在凉爽宜人的舞雩台上吹吹风，大家优哉游哉地玩个痛快，之后高高兴兴地唱着歌回家。这番话显得似乎没有抱负，没想到却得到了夫子的赞同："吾与点也！"意思是说我赞同曾点的想法呀！

从孔子师徒以上这段对话中，我们可以得到这样一些信息：第一，曾点所描绘的美妙境界，正是孔子一生孜孜追求和憧憬的大同世界的气象——天下太平，社会安定，国家富强，人民过着丰衣足食、自由幸福、安详惬意的美好生活。第二，亲近大自然，与之不离不弃，融为一体，正是儒家"天人合一"思想的体现。在孔子看来，在家乡的沂水中涤身浴德，咏怀乐道，分明是人生中不可或缺的乐事。尽管孔子德行高尚，被后人奉为圣人，但他同时也是个有血有肉的率真之人。而他所生活的春秋时期，是个礼崩乐坏、污秽纵横的社会，尘世俗务免不了要污染他的心灵，而肉体本身也会时时生出污垢，让他感到肮脏难受。于是他便常在清洁的水中沐浴，洗涤身心，让心灵一尘不染，恬静惬意，让身体洁净清爽。这是言内之意。而言外之意则是"天地万物，上下同流，各得其所"。因而对曾点所表达的从容开朗的精神境界，孔子自然会"叹息而深许之"。

孔子"乐水"，也偶尔把失意之情寄托于水波之上——"道不行，乘桴浮于海"（《论语·公冶长》）。人生在世，不如意之处十有八九。怀有大济社稷苍生宏志的孔夫子，学识渊博，道德高尚。他所开创的儒家学说，在当时的社会有着广泛的影响，且享有很高的声誉。但是，孔子的学说特别是他的政治主张却不受当时统治者的欢迎。为了推行自己的儒家之道，他曾率领众门徒周游列国，所到之处常常遭到冷遇和奚落——"伐树于宋，削迹于卫，穷于商周，困于陈蔡，受屈于季氏，见辱于阳虎，戚戚然以至于死"（《列子·

扬朱》)。如此悲惨的境况不能不使孔子无数次黯然神伤，终于发出了"道不行，乘桴浮于海"的"牢骚"。事实上，孔子绝不想真的隐逸在苍茫的大海中，过道家所谓的"逍遥游"生活。这"牢骚"话不过是"干七十余君无所遇"（《汉书·儒林传》）的无奈。尽管挫折多多，他依然积极奔走于列国之间，以求实现他的政治理想，而"不知老之将至"。不过，孔子此言却为后世为官者指示了一个基本的行为方向，即当仕途失意时，就想乘桴入海，绝弃尘缘。然而，又有几个人真能做到呢？难怪唐人张说在流配钦州（今广西境内），来到南海时，会发出"乘桴入南海，海旷不可临"的感叹。看来，如果不是真心想做隐士，仕途失意之情仅靠大海是抹不去的。

关于孔子"乐水"，《孟子·离娄》说孔子"亟称于水，曰'水哉，水哉！'"《荀子·宥坐》《说苑·杂言》《韩诗外传》《孔子家语》等均有孔子回答他的学生子贡关于为什么"君子见大水必观焉"的记载。这些记载在具体内容上也许与事实有出入，但孔子特别喜欢水的事实是毋庸置疑的。孔子对水的感悟和思考在很大程度上是以构建儒家伦理道德思想的大厦为切入点的。如《韩诗外传》对孔子"见大水必观焉"的原因有过长长一段的解释，大意是：水滋润万物而无私，似德；所到之处给大地带来勃勃生机，似仁；由高处向低处流，舒缓湍急皆循其理，似义；奔腾向前，冲过千山万壑，似勇；有深有浅，浅可流行，深者不可测，似智。由此可见，孔子不满足于纯粹地观赏水的自然之美，而是试图沟通水之美与人类道德精神的内在联系，以探求水的社会意义和价值，并由此推演出儒家立身处世的准则。从一定程度上讲，这种对水的社会化、道德化认识，体现了古代"天人合一"的思想。孔子尤其重视道德教化，其创立的儒家学说从某种意义上讲就是一种道德学说。孔子的这种"比德"论的水之审美观对后世影响很大，后世许多思想家都以这种观念来看待水之美。

3. 中庸

中庸是孔子综合自然、人类社会历史和现实经验提出的一种择优方法论的概念。它是辩证法与系统论思想的原初形态。孔子认为，中庸是处理问题最好的方法，所以盛赞"中庸之为德也，其至矣乎"（《论语·雍也》）！孔子以中庸为处世要旨，强调人们在思考判断问题时要"执中"。后世儒士奉中庸为"修身、齐家、治国、平天下"的圭臬。

那么，中庸思想是如何形成的呢？一方面，是水的自然形态给孔子以直接的启发。另一方面，也是最重要的一点，即中庸思想的形成，与古代先民对治理水患的经验教训总结与认识紧密联系。在上古时期，最紧迫的社会问题之一是同洪水作斗争，治理水患是中国历史的一大特点。传说中女娲积炉灰止淫水的故事，表明了我国从母系社会开始就同洪水进行了不屈不挠的斗争。到了尧虞舜时代，中国依然是"洪水滔天"。鲧治水一味采用

"堙"（土挡、堵塞）的办法，"九年而水不息，功用不成"。禹吸取鲧治水失败的教训，改用以疏导为主的办法，引导洪水顺低地、河流而注之海，平定了千百年来的洪水灾害。到了孔子所处的春秋时期，河道堤防已普遍存在。有了堤防，遏制洪水的主动性增强了。由治水过程中鲧的"堙"，到大禹的"疏"，再到春秋时"堤"的大量出现，标志着治水理论和技术发展到了一个新的阶段。尽管从某种意义上说，"堤"也是"堙"，但堤防的"堙"与鲧采用的"堙"有质的区别，是从单纯消极的防洪进入到积极防洪的飞跃。同时，"疏"与"堙"的关系是对立统一、相辅相成的，而且在一定的条件下可以互相转化，采用哪种治水方法为主，要因时、因地制宜。治水理论和实践中呈现出的"堙—疏—堤"的辩证发展过程，给孔子的理论思考以极大的启迪，使他深刻认识到，人类要征服和改造自然必须优先、探索成功的正道。这就为"中庸"方法论的提出开辟了道路。另外，历史上周厉王采取堵塞民口的"弥谤"政策，导致了无声处起惊雷、国人暴动的事实，使孔子和许多有识之士从中得到"防民之口，甚于防川"的警示。加之孔子所处的观念社会中，"有为"与"无为"的激烈思想斗争，以及孔子教学实践中的体会等，孔子将其集中起来，加以系统化和理论化，从而提出了"中庸"的思想。

另外，在《论语》中，孔子多次赞颂大禹治水为民造福的伟大历史功绩，缅怀他"卑宫室而尽力乎沟洫"（《论语·泰伯》），一心扑在治水事业上的奋斗和奉献精神，并奉大禹为"吾无间然矣"（《论语·泰伯》）的仁人、圣人。这一方面表达出孔子对大禹这样的英雄圣王的崇敬，另一方面也说明孔子已从思想上把除水害、兴水利的治水活动视为治国安邦的大事。

总之，我们不难看出，在孔子许多文化思想的产生过程中，水无疑给了他许多深刻的启示。不论是自然之水的形态、性质和功能，还是古代先民治水的伟大实践，都为孔子的理论思考和创造提供了宝贵的营养和源泉，也充实和丰富了他的文化思想。

4. 水之哲学——逝者如斯夫，不舍昼夜

孔子在《论语·子罕》中说："逝者如斯夫，不舍昼夜。"这是孔子站在江边看到滚滚奔流的河水发出的感叹，是对消逝的时间、人事与万物，有如流水般永远留不住而引发的哲思，它既有因时光流逝、功业未成而导致的深沉感喟，又具有对时间、永恒、变化等物质运动的抽象哲学问题的沉思带来的哲学感悟。

（二）孟子

孟子是战国时期著名思想家、政治家和教育家，是儒家学说的主要继承者，并多有发展。或是受孔子的影响，或是孟子本人对生命之源的水怀有特殊而深厚的感情，孟子对水的观察、思考和由水而感悟人生、阐发事理的程度毫不逊于孔子，他把儒家的"文化之水"推向了新的高度。

1. 水之性——性善与仁政

在孟子看来，人之性善，就如水之就下，是自然趋势。水可以倒流或被拦截，但并非水的本性。这种观念对于人的道德普遍性的认可具有重要的积极意义，并对社会主义价值观的构建具有促进作用。在孟子性善说的体系中，以自然界中的水、火为喻，鲜明地指出："凡有四端于我者，知皆扩而完之矣，若火之始燃，泉之始达。"

孟子继承、发扬了孔子"仁"的思想，在对现实社会进行深入思考的基础上，以性善理论为根据，创造性地提出了"仁政"思想，并借水阐述之。孟子说："民之归仁也，犹水就下，兽之走扩也。故为渊驱渔者獭也，为丛驱雀者鹯也，为汤武驱民者桀与纣也"。又说："如有不嗜杀人者，则天下之民皆引领而望之矣。诚如是也，民归之，犹水就下，沛然谁能御之?"这就是说，民心归顺仁政，犹如水顺流而下。这也是告诫统治者，应施行仁政，顺应民心，统治才会稳固。他还深刻地指出："仁之胜不仁，犹水胜火。今之为仁者，犹以一杯水救一车薪之火也；不熄，则谓之水不胜火，此又与不仁之甚者也，亦终必亡而已矣。"即在治理国家时，实行仁政必然要胜过暴政，这好比水可以扑灭火一样。

2. 顺应水性，遵守客观规律

孟子通过对水的观察和思考，曾说出过许多哲理深刻的话。一次，孟子的弟子徐子请教孟子，为何孔夫子多次称赞水，水有什么可取之处呢? 孟子告诉他："源泉混混，不舍昼夜，盈料而后进，放乎四海。有本者如是，是之取尔，苟为无本，七八月之间雨集，沟浍皆盈；其涸也，可立而待也。故声闻国情，君子耻矣。""孔子登东山而小鲁，登泰山而小天下，故观于海者难为水，游于圣人之门者难为言。观水有术，必观其澜。……流水之为物者，不盈科不行；君子之志于道也，不成章不达。"(《孟子·尽心上》) 君子应像水那样坚持不懈才能达到美好境界。他还通过大禹治水的传说解释做事应遵守客观规律："如智者若禹之行水也，则无恶于智者矣。禹之行水也，行其所无事也。如智者亦行其所无事，则智亦大矣。"即如果聪明人像大禹治水那样，就不至于厌恶聪明了。大禹治水，就是行其所无事，顺应自然。大禹治水之所以获得成功，在于他能够根据水往低处流的特性，因势利导，才将洪水疏导入海。这就昭示人们，做一切事情，都要从实际出发，按客观规律办事，才能收到良好的效果。

3. 治水对人类社会发展的推动作用

孟子作为战国时期的大思想家，在推崇大禹治水功绩的同时，还向我们描绘出治水对古代华夏民族的生存与发展的巨大推动作用和重大意义。(《孟子·滕文公下》) 文中道："当尧之时，水逆行，泛滥于中国。蛇龙居之，民无所安。下者为巢，上者为营窟。书曰：'洚水警余。'洚水者，洪水也。使禹治之，禹掘地而注之海，驱蛇龙而放之菹；水由地中行，江、淮、河、汉是也。险阻既远，鸟兽之害人者消，然后人得平土而居之。" 又说："当尧之时，天下犹未平，洪水横流，泛滥于天下。草木常茂，禽兽繁殖，五谷不登，禽兽逼人，禽体鸟迹之道交于中国。尧独忧之，举舜而敷治焉。舜使益掌火，益烈山泽而焚之，禽兽逃匿。禹疏九河，瀹济漯而注诸海；决汝汉，排淮泗而注之江；然后中国可得而食也。"(《孟子·滕文公上》)

孟子的上述描写，十分明确地阐明了中国古代社会由野蛮转向文明，由渔猎转向农耕过程中水与人类生存的重要关系。远古时期，由于人类未脱蒙昧状态，认识和抗击自然的能力十分低下，面对洪水的危害，只能逃而避之，筑巢营窟，群而居之。直到大禹时代，通过大规模的治水活动——疏浚排洪，"掘地而注之海"，即将主干河道疏通，加速洪水的排泄，再在两岸加开若干排水渠道，使漫溢出河床的洪水迅速回归到河槽中，从而使"水由地中行，江、淮、河、汉是也"，然后"人得平土而居之"。从此人类由渔猎时代转向农耕时代，通过"耕之"，使"中国可得而食也"。同时，由于大禹领导人民平治了水患，天下太平，促进生产力的发展和社会的文明进步，从而为其子启建立中国历史上第一个奴隶制国家——夏奠定了基础。由此可以得出这样的结论：治水活动对推进社会变迁和人类文明具有重大的推动作用。

孟子还记述道："死徒无出乡，乡田同井。出入相友，守望相助，疾病相扶持，则百姓亲睦。方里而井，井九百亩，其中为公田。八家皆私百亩，同养公田，公事毕，然后敢治私事，所以别野人也。"(《孟于·滕文公上》) 水是人类生活和社会生产不可缺少的自然资源，因而开发和利用水资源就成为人类最早从事的一种生产活动。孟子在这里描述的。就是一个典型的由原始公社时代向私有制时代过渡的乡村自然社区的生产生活情况。这种社区形成的自然地理基础是公有的共同的水源点，即所谓"乡田同井"。可见，当时以井为标志的自然水源点对满足人们生产和生活需要是何等的重要。

(三) 荀子

荀子是战国时期著名的思想家、政治家。水也成为他借以阐释自己观点的载体和对象，成为具有深厚文化内涵的事物。

1. 水之哲学——辩证法

荀子的哲学思想，以其理论的深度和逻辑力量，把我国古代朴素唯物主义思想发展到一个新的高度。水作为人类探索自然世界规律的利器，自然会被荀子这样的思想家所重视。可以说，在对客观世界进行辩证思维的过程中，水给荀子以重大的启示。《荀子·劝学》中道："冰，水为之，而寒于水。"又说："不积细流，无以成江海。"原本劝勉人们通过锲而不舍地努力学习，不断丰富和提高自己的知识和才能。但上述这两句话所体现出的哲学意义远远大于荀子所阐发问题的初衷，其更大的价值在于揭示了事物从量变到质变的这一规律，为人类的哲学思辨架起了感性认识通往理性认识的桥梁。

在荀子看来，世上万物皆"尽其美，致其用"，以山水为中心的自然界就更不待言了。他指出："山林川谷美，天才之利多。"《荀子·强国》荀子摆脱了常人那种对自然山水的神秘和恐惧感，充分认识到包括自然山水在内的自然界是可以认识和改造的，人应该充分发挥主观能动性，"制天命而用之"（《荀子·天论》），从而在我国历史上第一次提出了"人定胜天"的光辉思想。

荀子虽然主张"人定胜天"，但并没有走入极端，他同样强调天时、地利的重要意义。如他认为要强国富民，天时、地利、人和各种因素缺一不可："上得天时，下得地利，中得人和，则财货浑浑如泉源，方汸如河海，暴暴如丘山。"（《荀子·富国》）这里，泉源、河海又成了他论说的喻体。

2. 水与治国治民

荀子借用水说明了君与臣的关系，只有源头清澈了，下游才不会浑浊。这反映了君主的言行对臣子有着重要的影响，上行下效，只有君主有所作为，整个政治体系才会有效率。

荀子用河流源与流清浊的关系作比喻，进一步阐述了君民的关系，指出："君者，民之原也，源清则流清，源浊则流浊，故有社稷不能爱民、不能利民，而求民之亲爱己，不可得也。"为此，他提出了著名的"君民舟水"论，指出："马骇舆，则君子不安舆；庶人骇政，则君子不安位。……庶人安政，然后君子安位。传曰：君者，舟也；庶人者，水也。水则载舟，水则覆舟。"这就强调了人民的作用。他借以告诫统治者应施行仁政和王道，顺应民心，才会国泰民安。唐太宗李世民在与魏徵、房玄龄等大臣研讨政务时，就论证过民水君舟，"水可载舟，亦可覆舟"的道理，历代明君贤臣，无不以此为镜鉴，正确处理爱民与使民的关系，从而使国家长治久安。

3. 以水比人性，以水比德

荀子是"性恶论"的代表人物，他将人心比作盆水，只要把盆放正，水就会变清，混浊物就会沉淀在下面。人也一样，只要受到良好的教化，就会明辨事理了。

在《荀子·宥坐》篇中，荀子借孔子之言，把水的形态、性能、功用与人的性格、意志、品德、知识能力等联系起来，指出水"遍与诸生而无为也，似德""其流也埤下，裾拘必循其理，似义""其洸洸乎不掘尽，似道""若有决行之，其应佚若声响，其赴百初之谷不惧，似勇""主量必平，似法""盈不求概，似正""淖约微达，似察""以出以入，以就鲜洁，似善化""其万折也必东，似志"。将水比德，使人效仿，给人思考与启迪。

4. 水满则溢，戒骄戒躁

在《荀子·宥坐》篇中，荀子在文章的第一段记叙了孔子师徒关于"宥坐之器"的对话，表达出他对于学习、修身等问题的认识。他写道："孔子观于鲁桓公之庙，有欹器焉。孔子问于守庙者曰：'此为何器？'守庙者曰：'此盖为宥坐之器。'孔子曰：'吾闻宥坐之器者，虚则欹，中则正，满则覆。'孔子故谓弟子曰：'注水焉。弟子挹水而注之，中则正，满而覆，虚而欹。'孔子喟然而叹曰：'吁，恶有满而不覆者哉？'"

水满则溢，月圆则缺，这是大自然中常见的现象，从这些自然现象中，先哲们悟出了深刻的人生道理：满招损，谦受益。为此，鲁国的有识之士在鲁桓公的庙中安装了欹器，借此警示后人"虚则欹，中则正，满则覆"。当孔子有感于此，发出"恶有满而不倾覆"的感叹时，弟子子路请教他有无保持"满"的状态的办法，孔子借题发挥，告诫他的学生说："聪明圣知，守之以愚；功被天下，守之以让；勇力抚世，守之以怯；富有四海，守之以谦。此所谓挹而损之之道也。"（《荀子·宥坐》）就是说，只有做到智高不显锋芒，居功而不自傲，勇武而示怯懦，富有而不夸显，谦虚谨慎，戒骄戒躁，才能保持长久而不致衰败。

荀子这段关于孔子观"宥坐之器"的记述，所阐发的道理是十分深刻的，至今仍闪烁着真理的光芒，对后世产生的影响也是巨大的。据记载，晋杜预和南朝的祖冲之都曾制过类似的欹器，以此教育弟子要好好学习，防止骄傲自满。

二、中国水文化的哲学启蒙——以水为师

一个民族的哲学是其文化系统的主导和核心，代表了该民族理论思维的最高水平。水文化，是中国文化的母体文化。而中国水文化最初的启蒙，又是从"哲学之水"开始的，这正是中国水文化形成和发展的过程。

（一）以水感悟人生

以水感悟人生，形成了儒家"中庸"哲学，是"哲学之水"的一大贡献。中庸当出自水体中心线，水体中心线，是早期人类对水的认识，并以此为符，即上为过，下为不

及。要顺其自然，适应规律就应"无过无不及"。这就是从水流中思辨出的哲学精神。之后"中庸"又成为儒家哲学之柱，即是认识论和方法论的精髓。儒家学派的创始人孔丘，以"中庸"为处世要学。以积极的"入世"的态度，把有限的生命之光，融于无限的人生事业之河。孔子言："君子中庸，小人反中庸"；"君子而时中，君子应乎中庸"。这其中就是教人在思考判断时要"执中"，待人处世要"忠恕"，价值取向要"中和"。这也为后世儒生，奉"中庸之道"为"修身、齐家、治国、平天下"的圭臬。从中也对"中庸之道"的内在本质，有了更深刻的理解和发扬。

以水感悟人生，启迪为人处世哲学理念。把对人生的启迪与感悟与山水联系在一起，这是先哲们的一大发明，否则"智者乐水，仁者乐山"，就不会广泛流传至今。尤其是一个"乐"字，蕴育了丰富的自然内涵和人生内涵。

智者乐水、仁者乐山是"以水为师"所获得的人生感悟的真谛。"以水为师"，激发一代又一代的人生抱负，渗透着思想者、实践者的执着追求和远大理想。水对人生观的影响，真可谓是常说常新的哲学话题。

（二）辩证观察世界

人类对世界的了解和认识，源自对水的直观了解，这是古代先哲们最初观察世界，苦寻世界发展规律的初级阶段。河流滋养和哺育了人类的文化思想，进化了人类的思维。水为本原，水是物质，先哲们最初观察世界而形成的思维认识，可以说是中国哲学朴素唯物主义的最初启蒙。

（三）以水为师，升华治水哲学

水利文化作为水文化的重要组成部分，作为人类最初直接实践于治水事业，它在我们的社会实践中早已逐步形成了人与治水相互作用、相互依存、相互矛盾的辩证关系，形成了治水过程中的治水哲学理念，丰富、拓展着水文化的外延和内涵，形成了水利文化独有的特色和魅力，可以说，水利文化是根植于水文化土壤上的一朵奇葩，并使水文化久远地折射出夺目的精神光辉。尊重水规律的辩证思维是中华民族治水的一座丰碑，是把中华民族从野蛮推向文明的丰碑，是治水哲学启蒙诞生出水文化的丰碑。

从实践的高度认识治水要顺其自然，疏堵并用，因势利导。并在吸取鲧一味"堵"的脱离实际、脱离自然规律的基础上总结、调查、分析，用朴素的唯物观、方法论顺应天时、水势。应治水哲学的成功，在治水实践上还展现了人的精神和人格的魅力。如果说春秋时期的先哲们是更多地从思想理念上阐述水哲学的人生观、价值观、社会观及其产生的人格魅力，那么大禹治水的成功则更多地从实践层面形成后人对治水人精神魅力的认可乃至于崇拜。治水哲学的成功，对中华民族的价值观、文明观的影响，是无与伦比的。尤其是水利活动对于人类社会进化的巨大推动作用。

人生观层面，以孔子为代表的儒家敬流水以求夏川般进取之人生，形成了以流水为师的人生观。无论是对人生的看法，对人生目标的树立，还是对实现人生目标方法的获得，无不师之于流水。在对人生的看法上，孔子喜欢观察夏川之流水，从中认识人的自我，思考人的一生。孔子敬仁流川之上发出的"逝者如斯夫"之慨叹鉴照出的不仅是儒家的历史观，同时也映照出了儒家对人生的看法。人的一生正如东逝之流水，向东奔去不复回，因而人生的旅途是短暂的，任何一个人都无法超越时间的规定性。故而，儒家强调要珍惜如夏川逝水般的人生时光，"知惜阴者，则知致其良知矣"。

在人生的目标上，出于对人生如夏川之流水般逝去的强烈时间意识，儒家指出人生应当如夏川流水般树立高远的理想和目标。《孟子·尽心上》文中道："孔子登东山而小鲁，登泰山而小天下。故观于海者难为水，游于圣人之门者难为言。观水有术，必观其澜。日月有明，容光必照焉。流水之为物也，不盈可不行；君子之志于道也，不成章不达。"这段载述阐明了儒家哲人的人生理想，指出人应当像下川流水一样，明其"志"，即树立目标和追求，要成为成章达道的君子，立志做修身齐家治国平天下之大丈夫。对于如何实现人生的理想和目标，孟子也从下川流水之中习得了进取的方法。

"源泉混混，不舍昼夜。盈科而后进，放乎四海，有本者如是，是之取尔。苟为无本，七八月之闲雨集，沟浍皆盈；其涸也，可立而待也。故声闻国情，君子耻之。"（《孟子·离娄下》）孟子认为，要成章达道，成为君子，必须向夏川流水学习，盈科而行。积极进取，不畏艰险，战胜困难，不懈奋斗，这就是修身齐家治国平天下、内圣外王人生目标的实现途径。

第二节　水文化与道家思想

一、道家名人的水文化哲学解读

（一）老子

老子是道家思想的创始人，其思想主要体现在《道德经》一书中。书中老子多处以水或与水有关的物象来比况、阐发"道"的精深和妙用，甚至水还一度被老子推崇为"道"的象征（认为水"几于道"）。

1. 水之道

道是老子哲学的核心，"道者，万物之奥。"即道是独立存在的万物之源。之后老子提出，"道"由"水"生。"道冲而用之，或不盈。渊兮似万物之宗。"这就是说道是看不见的，但它又好似大海永远装不满，又像深渊那般深邃，为万物之宗。可见，老子在面对大海、深渊时，领悟出了道。

之后，老子是这样借水阐述"道"的："天下莫柔弱于水，而攻坚强者莫之能胜，以其无以易之。弱之胜强，柔之胜刚，天下莫不知，莫能行。""天下之至柔，驰骋天下之至坚。"在老子看来，世间没有比水更柔弱的，然而攻击坚强的东西，没有能胜过水的东西。水性至柔，却无坚不摧，正如民间谚语所云"滴水石穿"。柔能克刚，可以说是自然界的一条重要法则，而老子哲学则是对这一条法则的高度概括。老子还把这一法则引申到人生、战争中，说明柔弱的东西往往充满活力，战胜一切。这中间包含着深邃的辩证法观念，它告诉我们：事物往往是以成对的矛盾形式出现，矛盾的双方在一定的条件可以互相转化。

2. 水之德上善若水

"上善若水"是老子水的人生哲学的总纲，也是老子人生观的综合体现。老子说："上善若水，水善利万物而不争，处众人之所恶，故几于道。"这是最应崇尚的品格。这其中包含了三方面内容：

（1）"善利"。具体表现是"居善地，心善渊，与善仁，言善信，正善治，事善能，动善时。"具备这七种美德，就接近"道"了。

（2）"不争"。这是一种处世境界。"夫唯不争，故无尤。"《道德经·第八十一章》中说："圣人之道为而不争。"可见，不争是圣人的标准。这一态度不是消极地放弃，而是为了避免争端。

（3）"处下"。"处下"是"不争"的一种重要表现形式。《道德经·第六十六章》说："江海所以能为百谷王者，以其善下之，故能为百谷王。是以圣人欲上民，必以言下之，欲先民，必以身后之……是以天下乐推而不厌。"老子从水的处下而成大器大量的江海这一事实出发，阐发了善于"处下"在人生中的积极作用。他借此也告诫统治者，一定要谦虚处下，不要妄作胡为，要把自身的利益置于民众之后，这样才能得到天下人的归附和拥戴。水的这种"善利""不争""处下"的崇高品德，正是老子之"道"的特征。我们应学习水的这些美德。

（二）庄子

庄子是继老子之后道家的代表人物，其思想主要保存在《庄子》一书中。庄子也喜欢从水中感悟哲理，尤其是"道"，并常用以水为主题的寓言来阐发。

1. 以水论逍遥之道

《逍遥游》是《庄子》一书的首篇，也是表达庄子哲学思想的代表作。"逍遥游"是庄子人生哲学的最高境界，也是庄子哲学有别于老子哲学最根本的标志。

"泉涸，鱼相与处于陆，相呴以湿，相濡以沫，不如相忘于江湖。""鱼相造乎水，人相造乎道。相造乎水者，穿池而养给；相造乎道者，无事而生定。故曰：鱼相忘乎江湖，人相忘乎道术。""鱼相忘乎江湖"就超越了失水的局限性。同样，人只有彻底摆脱对有限现实的依托，才能外忘于现实的期待和羁绊，优游自在，无牵无挂。这就是逍遥游的境界。

2. 以水论至大之道

至大、无限是庄子"道"的另一特点。《逍遥游》篇中的北冥、天池以及巨鲲、大鹏，都是庄子哲学中最大的象征。《秋水》中说："天下之水，莫大于海。万川归之，不知何时止而不盈；尾闾泄之，不知何时已而不虚；此其过江河之流，不可为量数。"庄子以大海比"道"，使人们感受到了道的博大精深。

3. 以水论虚静之道

庄子还教给了我们一个直观识"道"的办法——静观法，让我们来体会"道"的真谛：《庄子·天道》说："水静则明烛须眉，平中准，大匠取法焉。水静犹明，而况精深！圣人之心静乎！天地之鉴也，万物之镜也。"《庄子·刻意》说："水之性，不杂则清，莫动则平；郁闭而不流，亦不能清。天德之象也。故曰：纯粹而不杂，静一而不变，淡而无为，动而无行，此养神之道也。"《庄子·德充符》说："平者，水庭之盛也，其可以为法也，内保之而外不荡也。"水之静与庄子提倡的清净无畏的人格修养一致，达到这种无忧无虑无为的境界，也就接近"道"了。只有心静，才能体会到天地之精微，万物之玄妙。庄子要人们效法静水，时刻保持人性安静，从而以一种不偏不倚、公正无私的心态认识和对待万事万物。

综观《庄子》，我们发现庄子喜欢通过水感悟并表达他深邃的哲理，展示其玄妙之"道"与水的奇妙关系，尤其是《逍遥游》《秋水》等篇讲述的生动而又奇妙的水的寓言故事，强烈地呼唤着人们拓展思维的视野，开阔心灵的境界，从更高的层次上认识外界事物和人生的价值。

二、道家的水文化生命哲学之美

（一）刚柔相济的处世哲学

《道德经·第七十六章》中有："人之生也柔弱，其死也坚强。草木之生也柔弱，其死也枯槁。故坚强者，死之徒，柔弱者，生之徒。是以兵强则灭，木强则折。"意思是说，人和世间万物，当它们处于柔弱的状态时，就充满了生机，就不可战胜，这显然是一种柔弱可以战胜刚强的体现。正所谓"反者道之动，弱者道之用""天之道，不争而善胜""贵柔"或"尚弱"是老子思想体系的根本出发点。而水以其"处柔"，即"含德之厚"从实际应用和表现形式方面诠释着老子的道，即处世哲学。且"天下之至柔，驰骋天下之至坚"—水之柔弱的本身包含着它的对立面，预示着在一定条件下可以转化甚至取代坚强。刚柔相济之美即蕴于其中。

老子看到的是水的谦下、柔弱和不争"水善利万物而不争，处众人之所恶"、（《道德经·第八章》）"天下莫柔弱于水"（《道德经·第七十八章》）。他避开了儒家壮美有气势的不舍昼夜之水和君子昂扬奋进的人世精神，锁定的是水柔弱不争的一面和出世的思想，坚信"无为而无不为"，正因为"无为"的顺应自然，方能"无不为"而没有什么做不到。所以老子肯定的是水柔弱、谦下背后的力量，恰如"江海之所以能为百谷王者，以其善下之，故能为百谷王"，（《道德经·第六十六章》）是谦下的作用；"以其不争，故天下莫能与之争"，（同上）是不争的作用；"天下之至柔，驰骋天下之至坚"，（《道德经·第四十三章》）是柔弱的作用。这里，水的谦下与博大、不争与争、柔弱与坚强由此及彼、由彼及此，转瞬换位，辩证统一于一体中，充满着思辨的色彩，体现着老子的处世的哲学。

"柔"是老子生命哲学最重要的特征，而水又集"柔"于一身，更突出体现了老子"贵柔"的思想。"柔"是水的特性，又是人生命的自然本能："天下莫柔弱于水，而攻坚强者莫之能胜""其无以易之，弱之胜强，柔之胜刚，天下莫不知，莫能行。"（《道德经·第七十八章》）恰如水是最柔弱的，但没有任何刚强之物能够摧毁它，因此，水才是天下最坚强的事物。"柔"的韧性便是生命所要具有的意志力，更是老子生命理想最高层次的追求，即对生命之美的向往，既表现了老子以柔胜刚的理想目标，亦是人达到了生命韧度的真正再现。

（二）物我两忘的境界之美

物我两忘是庄子逍遥游精神的基本体现，他多以寓言，尤其是与水有关的寓言的形式表达。在《达生》中庄子给我们讲述了"津人操舟若神"和"吕梁丈人在急流中畅游"的故事："颜渊问仲尼曰：吾尝济乎觞深之渊，津人操舟若神。吾问焉，曰：操舟可学邪？……仲尼曰：可。善游者数能，忘水也。若乃夫没人之未尝见舟而便操之也，彼视渊若陵，神州若覆，尤其车却也。"又有，《孔子观于吕梁》中吕梁丈人之所以能在"悬水三十初，流沫四十里"的急流中畅游无碍，是因为他"长于水而安于水"，即与水已浑然一体，水已成为他的习惯、本性和生命的一部分，物与我已合二为一，即达到了"物我两忘""不知所以然而然"的境界。这种境界，即道的境界，也就是逍遥游的境界。质言之，人只要物我两忘，即可逍遥于世，不受世俗牵绊。

（三）生活中的小智慧

道家还常常借与水有关的小故事来揭示生活的智慧，以《淮南子》为例：《氾论训》中有以楚人渡河的故事说明得与失的关系："事或欲之，适足以失之……楚人有乘船而遇大风者，波至而自投于水，非不贪生而畏死也，或恐死而反忘生也。""恐死而反忘生"说明事物在一定条件下向对立面转化的道理。换言之，即告诫人们做事要把握"度"，否则过犹不及。

另外，在《人间训》中，作者用"海大鱼"的故事，向我们讲述了远与近的辩证关系，文中说："靖郭君将城薛，宾客多止之，弗听。靖郭君谓谒者曰：'无为宾通言。'齐人有请见者，曰：'臣请道三言而已。过三言，请烹。'靖郭君闻而见之。宾趋而进，再拜而兴，因称曰：'海大鱼。'则反走。靖郭君止之曰：'愿闻其说。'宾曰：'臣不敢以死为熙。'靖郭君曰：'先生不远道而至此，为寡人称之。'宾曰：'海大鱼，网弗能止也，钓弗能牵也。荡而失水，则蝼蚁皆得志焉。今夫齐，君之海也。君失齐，则薛能自存乎？'靖郭君曰：'善。'乃止不城薛，此所谓亏于耳忤于心而得事实者也。夫以'无城薛'止城薛，其予以行说，乃不若'海大鱼。'故物或远之而近，或近之而远。"海大鱼，网、钩都不能束缚它，但一旦失水则"蝼蚁皆得志"，说明生活中有些事情有时看上去迂远而实际上切近，有时看上去切近而实际上迂远。在辩证中把握事物，处理好远近得失的关系，才是生活的智慧。

三、道家的水文化自然领悟之美

（一） 道家的水道观的内容

"道家对于水的品质之所以万般推崇，正是因为水对世间万物慈祥博爱，却默默地甘居低下而不卑；水能革故鼎新、荡涤尘污，且纯真自然；水能顺势而为、时刻点滴积蓄能量，川流不息。"[①]

道家的水文化的自然领悟之美——水道观，主要是建立在对自然之水的认识之上的，继而又以水喻道，以水喻德把水人格化，把水当作最高的道德化身。道家对自然之水的认识和由其衍生出的人生观统称为道家的水道观。

1. 善而不争是为争

"上善若水，水善利万物而不争，处众人之所恶，故几于道。居善地，心善渊，与善仁，言善信，政善治，事善能，动善时。夫唯不争，故无尤。" （《道德经·第八十一章》） 老子在著作中明显地赋予了水以人格，认为最高尚的人就应该像水一样，水善于帮助万物而不与万物相争。它停留在众人所不喜欢的地方，所以接近于道。上善的人居住要像水那样安于卑下，存心要像水那样深沉，交友要像水那样相亲，言语要像水那样真诚，为政要像水那样有条有理，办事要像水那样无所不能，行为要像水那样待机而动。正因为他像水那样与万物无争，所以才没有烦恼。我们可以看出水之所以被老子比喻为最高的道德，是因为其利万物，水点点滴滴、涓涓细流、无论清浊，汇成江河湖海；不仅自身生化不已，而且能与万物相合，滋养万物；与天地融为一体，无生有化，循环往复，以"上善"之德造福万物。

"夫唯不争，故天下莫能与之争"。老子的善而不争，并不是一种消极应世的态度，恰恰是一种积极的处事态度。上善是不争，是不为功名利禄之所困，不要有私心地区处理世事，处处为他人提供方便。而做到了上善，天下就没有人能与之相争了，自然会得到一切别人所要争的东西。是故，善而不争，是为争。

2. 柔对天下是为刚

"天下柔弱莫过于水，而攻坚强者莫之能胜。以其无以易之，弱之胜强，柔之胜刚，天下莫不知，莫能行。是以圣人言：受国之垢，是为社稷主；爱国不祥，是为天下王。正言若反。"（《道德经·第七十六章》） 天下万物没有什么东西比水更柔弱，但没有什么东

---

① 葛荣晋. 做人如水——道家的处世智慧 [J]. 国学，2010，（08）：78.

西攻击力量比它更强，所有没有能代替它的东西。残疾胜强，柔能克刚，原因很简单，天下人都懂，只是没有人肯去做。因此，圣人说，承担国家的屈辱，才算是国家的君主；承担国家的灾殃，才算是天下的君王。正面的话听起来恰像是反话。

柔是水的本性，也是人的本性。"人之生也柔弱，其死也坚强，故坚强者死之徒，柔弱者生之徒。"（《道德经·第七十八章》）柔是一种坚强，是一种承担，是一种意志。道家认为人就像水一样要有所承担，承担屈辱，承担灾殃，这样才算国家的君王，才算人上人。水柔弱却有穿石之力，人柔弱却有成君王之能。是故，柔，是为刚。

3. 甘愿处下是为上

"江河之所以能为百谷王者，以其善下之，故能为百谷王。是以圣人欲上民，必以言下之；与先民，必以身后之。是以圣人处上而民不事，处前而民不害。是以天下乐推而不厌。以其不争，故天下莫能与之争。"（《道德经·第六十八章》）江海能成为百谷之王的原因，在于他有居于低处的品格，所以才能成为百谷之王。想要成为一国之君，就必须谦虚地跟百姓对话；若想成为百姓们的领袖，就一定要把他们的利益放在首位。能起表率作用的君主即便处在高位百姓也不会感到繁重，即使处在前面百姓也不会感到受伤害。因为这些原因，会乐于推戴他而不反对他，因为这样的君主不跟人相争，所以天下就不会与他相争。

水柔弱的性质决定了水的状态——善下，而善下又成就了水——百谷王。水以主下的姿态面对世间万物，并不是人们常说的"水往低处流"的消极意思，而是水主下的处事方法。以水喻人，喻德也是一样的道理。其实无论是做君王，还是做普通人都要以谦虚学习、尊重别人的态度为人处世，这样别人才会尊重你，拥护你，才能做成事情。如果处处锋芒毕露，反而会招到人们的诟病，很难成事。这个与中国传统社会提倡的以礼待人和以德服人也有异曲同工之处。

（二）道家与传统社会的水文化联系

1. 道家水道观与传统社会的治水观

从历史发展来看，无论是上古的大禹治水还是东汉的王景治水，其所遵循的思想都跟道家水道观是一样的。

（1）都是建立在深知水性处下、柔弱而又刚强的性质之上的。水向低处流，大水尤其如此，水虽然柔弱，但是大水越积越厚，再浩大的工程也没有办法阻挡厚积之水的力量。所以对待洪水，疏导才是治水之策。

（2）都在学习水处下的处事方法。治水不是一人之力所能达成的事情，需要集合千千万万的人民与其一同奋斗。大禹和王景治水都成功地领导了人民，主要在于他们处下的处事方法。大禹治水，三过家门而不入，凡事亲力亲为，一直奋斗在治理水患的第一线，从未离开过群众，这就是处下。王景治水，深入群众，虚心向黄河周边的群众请教黄河的水文情况，遍访黄河两岸的百姓，从来没有为官者高高在上的架子，这也是处下。

（3）大禹和王景治水都是善而不争的。他们治水的目的只有一个，那就是为民。大禹治水始终以民为本，关心民众生活，给饥民发放粮食。在《后汉书》并没有讲到王景治理黄河时的心理出发点。但可以从《后汉书》中的"明年，迁庐江太守。先是，百姓不知牛耕，致地力有余而食常不足。郡界有楚相孙叔敖所起芍陂稻田。景乃驱率吏民，修起芜废，教用犁耕，由是垦辟倍多，境内丰给"中推理出，王景无论是在治河还是为官上都是一心为民的。

2. 道家水道观与传统社会的兴修水利

传统社会在兴修水利上也给我们留下了许多伟大的杰作。这里面最具代表的就是修建于战国末年的都江堰。都江堰采用的方法是在江中作堰，设计者用石块在岷江峡砌起石埂，石埂形状类似鱼嘴，也因此被称为分水鱼嘴。"鱼嘴"作为分水的工程，将岷江江水一分为二。东侧江水叫内江，用来灌溉沟渠；西侧江水被称为外江，外江也是岷江正流。此外，在灌县城附近岷江南岸建造了离堆，离堆就是开凿岩石后形成的石堆，夹在内外江中间。离碓的一部分是内江的水口，人们称其为宝瓶口，有节制水流的功能。每到夏天，岷江水涨，都江堰鱼嘴会被淹没，离碓就变为第二道分水处。内江从宝瓶口至下游，有分布在川西平原上的灌溉系统，旱季引水灌溉，雨季堵塞水门，对良田的灌溉有良好的保障作用。都江堰的工程规划非常科学，分水鱼嘴和宝瓶口联合使用，能遵照灌溉、防洪需要，合理分配洪、枯水流量。

都江堰工程正是道家水道观在治水实践中的完美体现。这座宏伟的工程不仅没有破坏自然，还以利用自然为载体，变害为利，最重要的是能令人水高度统一协调，既保证了平原灌溉的需要，又保证了灾害的不再发生。在长期的实践中创造了诸多的工程技术，就地取材，施工简约而不简单，节省成本，功效显著。都江堰"乘势利导，因时制宜""遇弯截角，逢正抽心""急流缓受，不与水敌"，创造了人与水和谐共存的生态水利形式。道法自然，尊重规律的科学技术。都江堰尊重前人治水智慧，根据蜀地独特的地形地貌，采用岷江出山口与平原接合部作堰的方式，充分借用高低落差地势，顺应了自然规律。古代，生产力比较落后，古人运用热胀冷缩原理，凿开大山，修建好坚固、能控制水量的宝瓶口。此外，在岷江弯道的江心设计好鱼嘴，能分开水和沙，在鱼嘴与宝瓶口间设计飞沙堰，则能泄洪排沙。解决了排沙这一水利工程的世界性难题。这正是都江堰从客观环境出发，遵循自然，遵循规律的结果。

不仅是都江堰，郑国渠、灵渠等的建设也是对道家水道观的一种实践运用。郑国渠的设计中巧妙地解决了水与沙的关系，变废为宝，做到了水沙的和谐统一。灵渠则以小而精著称，灵渠虽小但作用巨大，"溜渠""巧激""余水""缓达"等都表达出这是一座规模不大，工程精巧，科学内涵精深，悠然和谐的水利工程。所以说道家的水道观给我国古代劳动人民兴修水利提供了充足的理论依据，深深影响了传统社会的水利工程的建造。

3. 道家水道观与传统社会的水利精神

我们的先人在长期的治水实践中，不但形成一套完整的治水思想，更铸成了以民为本，平治万邦，德化天下的伟大水利精神和民族精神。水利精神在不同时代在表象上的反应可能是不一样的，但是其本质却是一脉相承，从未改变的。中华民族的水利精神产生于大禹时代，大禹在治理洪水的过程中，以身作则，始终战斗在治理水患的第一线。他的治水精神可以概括为：拯救人民，造福苍生的道德目标；公而忘私，鞠躬尽瘁的伟大品德；艰苦奋斗，勤俭节约的高尚情操；同舟共济，相互配合的团队作风。中国传统社会一直以来都是治国先治水的社会，在漫长的传统社会中，水利精神不断传承发展。比如"先天下之忧而忧"的范仲淹，在江苏沿海为官时期，因看到海堰荒废，无人问津，海潮泛滥淹没了百姓的财产，为民请命修理海堤。但是当时国家正处于战争时期，屡屡战败，内忧外患很是严重，朝廷上下都极力反对修海堤。而范仲淹冒着杀头的危险多次上书，终于得到朝廷的批准让他亲自组织修理海堤，就是后来的范公堤。范仲淹的治水精神就是以造福人民为目标的。传统社会的水利精神首先是造福百姓的，而道家的水道观是利万物的。其次传统社会的水利精神是身先士卒的，而道家的水道观是主下的，即言下之，与先民，身后之。

4. 道家水道观对当代启示

在当代道法自然，尊重自然规律的道家水道观仍然应该是现代水道观的主要内容。要真正地建设好我们的生态文明和我们的水资源，要求的不仅仅是简单的立法和草案，而是要传递给每一位普通百姓用水的道德，用道德唤醒人们对水资源的保护，真正做到以德治国。当务之急是要重新定位人与自然的关系，人与水的关系，这也是解决环境问题和解决水问题集团的权威，成为一个标志。

道家的水道观指出了人水合一，尊重自然，是和谐的水道观，是符合我国国情的水道观，是生态文明建设需要的水道观。只要人人都树立好这样的水道观，青山碧水就离我们不远了，生态文明也离我们不远了。

弘扬传统水道观，结合当代实际，用水处理问题，用水道观处理问题。道家水道观不仅是老庄留给我们后人的朴素的世界观，更加是实效的方法论，它不仅在传统社会里对人们处理人与水、人与自然、人与社会的关系有着巨大的作用，而且在当下，对人们处理各种关系也是有着巨大的作用的。社会转型期间，各种矛盾冲突日益激烈，需要调和的东西越来越多。无论是当政者，还是普通百姓需要处理的各种关系也是越来越多，那么或许道家水道观就能为人们解决问题提供一种新的思路，无为却是有为。

第三节　水文化与先秦诸家思想

先秦诸子百家，是中国古代春秋战国时期的各种学术流派和思想体系的总称。除了"儒家以水喻君子之德，道家以水喻道。"① 下面还有与水文化有着密切关联的其他学派和思想。

一、水文化与农家思想

水文化和农家思想是中国传统文化中的重要组成部分。水文化源远流长，与自然环境、人类文明、哲学思想等密切相关。而农家思想则代表了古代农民的思想观念和生产生活方式。

第一，水文化体现了人们对生命的珍视和尊重。在中国的古代文化中，水是生命的源泉，也是人们日常生活中不可或缺的资源。人们相信水可以净化灵魂，带来好运，也是农业生产的必要条件。因此，水文化中蕴含着人们对生命的敬畏和感恩之情。

第二，水文化体现了人们对自然环境的顺应和尊重。在中国的传统文化中，人们认为自然环境是有灵性的，应该顺应自然规律。水作为自然环境中的一部分，也体现了人们对自然的敬畏和顺应之情。人们通过观察水的变化，掌握自然规律，从而更好地进行农业生产和生活。

第三，农家思想体现了古代农民对土地的热爱和对农业生产的重视。在古代社会中，农民是社会生产力的代表，他们依赖土地生存，通过耕种、养殖等手段维持生计。农家思想强调对土地的投入和保护，注重农业生产的可持续性。同时，农家思想也强调对自然的

---

① 杨昱. 先秦儒道哲学水之形态差异论 [J]. 成都师范学院学报，2013，29（06）：19.

尊重和顺应，认为只有顺应自然规律才能获得丰收。

总之，水文化和农家思想是中国传统文化中的重要组成部分，体现了人们对生命的珍视、对自然环境的顺应和尊重、对土地的热爱和对农业生产的重视。这些思想观念对于我们今天的生活和发展仍然具有重要的启示意义。

二、水文化与医家思想

（一）医家的文献

1. 扁鹊的《脉经》

《脉经》是中国医学史上第一部脉学专著，是扁鹊在总结古代脉诊经验的基础上，结合自己的临床实践编写而成。

（1）《脉经·论五脏脉诀生死》。文中提道："水不火不成，离火无以生土，土不生金，金不生水。"这句话暗示了水与火、土、金之间的相互生成关系，也涉及了水的生成和运行。

（2）《脉经·论脾脉》。文中提到："脾者土也，应中州而主四脏。"这句话强调了脾脏与水液代谢的关系，也间接涉及了水的生成和运行。

2.《黄帝内经》

在《黄帝内经》中，有关水的论述主要集中在以下几个方面：

（1）水火阴阳平衡：强调水火相济，阴阳平衡。如《素问·六微旨大论》指出："亢则害，承乃制，制则生化。"说明了水火相济的重要性。

（2）水液代谢：涉及肾脏、膀胱等脏腑在排尿、排汗等方面的作用。如《灵枢·本脏》提到："肾者，水脏也，主津液。"

（3）水肿病：描述了水肿病的病因、病机及治疗方法。如《素问·水热穴论》指出："去衣视之，肤若胭脂，小腹肿甚。"说明了水肿病的外观表现。

总的来说，这些经典著作中有关水的论述虽然不多，但它们对于理解水的生理作用以及水病的治疗具有重要意义。

（二）医家思想中的水文化体现

水文化与医家思想在中华传统文化中有着密切的联系。在中医理论中，水是生命之源，与人体健康有着密切的关系。水文化在中医理论中也有着广泛的应用，如针灸、推拿、按摩等疗法中都离不开水的运用。

第一，水文化与中医理论。中医理论认为，人体内部的水分平衡是保持健康的重要因素之一。水文化中的一些理念，如"以水养身""以水治疾"等，与中医理论相辅相成，共同构成了中华传统医学的重要组成部分。

第二，水文化与中药学。中药学是研究中药材的采集、炮制、制剂和临床应用的一门学科。水在中药学中具有重要的作用，不仅是中药材的溶剂，还是中药材中有效成分的载体。水文化的理念如"水能载舟，亦能覆舟"等，在中药学中也有着广泛的应用。

第三，水文化与养生保健。水文化在养生保健方面也有着重要的应用。例如，中医理论中的"六淫邪气"是指风、寒、暑、湿、燥、火六种致病因素，其中湿邪与水有着密切的关系。在养生保健中，中医理论强调要保持人体内部的水分平衡，避免湿邪的侵袭。同时，中医理论还认为，合理的饮水可以促进新陈代谢，有利于身体健康。

总之，水文化与医家思想在中华传统文化中有着密切的联系。水文化在中医理论、中药学和养生保健等方面都有着广泛的应用，对于人体健康和疾病治疗都有着重要的意义。

三、水文化与墨家思想

墨子（约公元前468—前376年），名翟，鲁国人，是中国历史上一位卓越的思想家和身体力行的实践家。墨子所创立的墨家学说与孔子创立的儒家学说在百家争鸣的先秦时期冠盖群说，称为"显学"，对中国传统文化思想的形成和发展产生了深远的影响。从水文化的视角去考察，我们同样也会感受到《墨子》质朴而浩瀚的文化思想中透露出颇为丰富的水文化信息。

（一）兼爱

墨子是一位具有开拓精神的思想家，其学说是先秦乃至中国古代最富有个性特征的学说。墨子及墨家的言行的确体现了他们心目中的"禹之道"。

"兼爱"是墨子的政治主张之一，在大禹治水精神的影响下，提出"兼爱"的主张取法于大禹等圣王的政治实践。墨子认为"兼爱"这种做法，不但有利于天下，而且容易做到，之所以不能施行，是因为执政者不喜欢它。墨子指出："苟有上说之者，劝之以赏誉，威之以刑罚，我以为人之于就兼相爱交相利也，譬之犹火之就上，水之就下也，不可防止于天下。"（《墨子·兼爱下》）认为只要执政者大力倡导推行"兼爱"之道，就如同火向上蹿、水往低处流一样，将在天下形成一种不可遏止的态势。

在墨子的政治思想中，十分强调执政者加强道德修养的重要性，认为道德修养是为人治国的根本，因此君子必须努力进行自身的品行修养。他还特别指出了不注意品行修养的危害："本不固者未必几（危），雄而不修者其后必惰，原（源）浊者流不清，行不信者名必耗。"（《墨子·修身》）这里，墨子以水的源头污浊，整条河流也必将浑浊的生动事例，形象地说明了不注重品德的修养，做人为官就容易私欲熏心、滥施恶行，久而久之就会陷入污秽的深渊不能自拔，招致身败名裂的恶果。

（二）尚贤

"尚贤"是墨子治国的基本纲领，他还以"鲧禹治水，一败一成"的事例，说明了选贤任能方能安邦治国的道理，指出："昔者伯鲧，帝之元子，废帝之德庸，既乃刑之于羽之郊，乃执照无有及也，帝亦不爱。"（《墨子·尚贤中》）尽管鲧的出身十分高贵，官职地位很高，但因他德庸才薄，治水无功，不但丢了官位，而且被诛杀以谢天下。墨子继续阐述道："然则天之所使能者谁也？曰若昔者禹、稷、皋陶是也……禹平水土，主名山川……"鲧被杀后，德才兼备的禹受命于危难之中，继续领导人民治水，不畏千辛万苦，克服了千难万险，终于平定水患，"主名山川"，成为德盖天地的圣王。由此观之，如果说大禹治水为民造福的精神是中华文化尤其是水文化的重要特征，那么墨子的思想和行动则充分体现了"大禹之道"，或者说深深地打上了大禹治水精神的烙印。

（三）亲士

"亲士"，是墨子的重要政治主张之一。墨子认为，要治国安邦，君主必须亲近贤士，使用贤才。（《墨子·亲士》）认为执政者只有像江河纳百川那样，不捐小流虚怀若谷，才能广泛延揽使用各方面的人才；只有像江河有无数源头那样，善于采纳不同的意见和兼收并蓄，才能兼听则明，使君臣上下同心同德，治理好国家。反之，如果器量狭小，不能包容万物，广布恩泽，就会像狭小的溪流容易干涸、很小的小川容易枯竭那样，成为孤家寡人，最终将落得个众叛亲离、土崩瓦解的下场。

墨子还从事物对立面的转化、量变到质变的飞跃中，隐隐约约地感到了"度"的客观存在，提出了"太盛难守"的命题。《墨子·亲士》说："是以甘井近竭，招（乔）木近伐，灵龟近灼，神蛇近暴……故曰：太盛难守也。"甘甜的水井往往因人们争先取用而率先枯竭，高大的树木因有用常常先被砍伐，灵验的宝龟总是先被烧灼用于占卜，神异的蛇常常先被曝晒用于祈雨……这些"太盛难守"的现象恰好与辩证法所讲的适度原则有惊人的一致性。在墨子看来，为人做事必须把握好"度"，不可"太盛"。否则，事物往往会转向其对立面，造成不良甚至十分严重的后果。可见，墨子已从自然界和社会的一些具体现象中体悟到了矛盾对立面之间相互转化的规律，尽管他的这个认识是朴素的，模糊的，不明确的。

以上列举的关于墨子以水的特质为比喻，阐明事理、论证观点的事例，在一定程度上说明墨子作为先秦思想巨匠对水的观察以及由水引发出哲思的深刻性。

（四）非攻

墨子既是思想家，又是政治活动家，一生奔波于各诸侯国之中，宣扬"非攻"，反对战争，并力主防御，即用防御战争反对侵略战争，实现"武装和平"。墨子时代，滔滔的江河、滚滚的激流已成为诸侯以水代兵、进行兼并战争的工具。针对当时水攻战例普遍出现的情况，墨子率众弟子在深入研究分析和实地考察测量的基础上，提出了一套比较系统的对付水攻的防御办法，一方面，要在城中地势较低的地方开挖渠道，在地势更低的地方挖井，使它们相互贯通，以便引水泄漏。同时，还要在井中置放"则瓦"，随时测量井中的水位，如果发现水深达到一丈以上，就开渠泄水。另一方面，挑选训练有素的三百精兵以及快船二十只，组成决堤突击队，出其不意地冲到城外，决堤放水。为了加强攻击力量，每两只船并列在一起，叫作"一临"。每临配备三十名孔武有力、具有专门技能的士卒，携带弓弩、长矛、锄头，头戴盔、身披甲，利用黑夜，在城上射机的掩护下，冲到城外，持锄挖堤，并辅以转辒船冲堤。这样，敌人用水攻城之法可破。

总之，水文化中强调水的自然流动和变化，以及水与自然的和谐共存。墨家思想也强调了人与自然的和谐共存，主张尊重自然规律和生态平衡。

四、水文化与兵家思想

我国古代兵家的思想中充满了辩证法的因素，如兵圣孙子[①]在其所著《孙子兵法》中多次以水来阐述作战中的辩证法。

（一）以水为喻，使得"势""形"

孙子注重造势，即在战争中造成有利的态势。在《计篇》中，孙子对决定战争胜负的道、天、地、将、法等"五事"进行比较分析后，紧接着提出了一个关于"势"的命题。他说："计利以听，乃为之势，以佐其外。势者，因利而制权也。"就是说，计算客观厉

---

① 孙子是孙武（约前 545 年—约前 470 年），字长卿，春秋末期齐国乐安（今山东省北部）人。著名的军事家、政治家。

害，意见得到采纳，这只是战争的常法，还要凭借常法之外的变法才能把胜利的可能变为现实。这个变法就是"因利而制权"的"势"。战场中的这种势，很难用生动的战例和具体的语言表达出来。孙子用人们生活中常见的激水漂石现象作比喻："激水之疾，至于漂石者，势也……是故善战者，其势险，其节短。"（《孙子兵法·势篇》）意思是说，湍急的流水以飞快的速度奔泻，其汹涌之势可以把大石头冲走。善于作战的人，他所造成的态势是险峻的，他所掌握的行动节奏是短促而猛烈的。这里，孙子提出了"势险"和"节短"两个重要原则。"势险"说的是军队运行速度。"激水之疾，至于漂石"的比喻形象地强调了速度是发挥战斗威力的重要条件。"节短"说的是军队发起冲锋的距离。孙子用"鸷鸟之疾，至于毁折"（《孙子兵法·势篇》）作比喻，要求军队发起冲锋时应像雄鹰搏击小鸟那样，以凶猛的速度在短距离上突然发起攻击。这就对指挥作战的将帅提出了明确的要求，即要注重造势，以争取主动，形成优势地位，从而打败敌人。

交战的双方是否处于有利的态势固然重要，但战争的胜负还主要取决于军事实力的对比。即使一方处于非常有利的态势上，如果实力不济，最终也要走向失败。孙子十分清醒地看到了这一点，又提出了"形"的概念。所谓"形"，指的是军事实力。《孙子兵法·势篇》指出："强弱，形也。"孙子认为，创造条件，积蓄军队的作战力量，使自己立于不败之地，是战胜敌人的客观基础。在这个前提下，去等待和寻求战胜敌人的机会，才能取得胜利。《孙子兵法·形篇》说："善用兵者，修道而保法，故能为胜败之政。"又说："故胜兵若以镒称铢，败兵若以铢称镒。胜者之战民也，若决积水于千仞之溪者，形也。"孙子把敌对双方的力量对比建立在科学计算的基础上，而且要求这种强弱对比如同"以镒称铢"那样占有绝对优势。他用在千仞高山上决开积水奔腾而下，其势不可挡的力量比喻军队，说明军队只有具有强大的军事实力，用兵作战时才会有横扫千军如卷席之势，不可抵御。

通过上述分析，我们可以得出这样的结论，《孙子兵法》中的"势"，主要讲的是主观能动作用的发挥，从而造成有利的形势，"形"，主要指军事实力。只有在一定的"形"的基础上，发挥将帅的指挥才能，造成有利的"势"，才能战胜敌人。从中也可以看出，孙子在认识论上具有物质是第一性的、意识是第二性的这一朴素的唯物主义思想。而以水为喻，使得"势""形"这对抽象概念变得具体、形象和易于理解。

（二）以水为形，避实就虚

用兵作战，灵活运用战略战术十分重要。对此，孙子提出了"奇正"和"虚实"的原则，即指挥作战所运用的常法和变法。

孙子非常重视战术的"奇正"，尤其重视"奇"的运用。他说："战势不过奇正，奇正之变，不可胜穷也。奇正相生，如循环之无端，孰能穷之?""故善出奇者，无穷如天地，不竭如江河。"(《孙子兵法·势篇》) 就是说"奇"与"正"的关系，是相变相生的，"奇"可以变为"正""正"可以变为"奇"。为了形象地表达"奇""正"变化之关系，孙子信手将大千世界的天地和江河拈来，用以阐述其深邃的军事思想。他指出，一个高明的将帅，应随机应变，随着战场情况的变化而变换奇正战法，犹如天地一样变化无穷，江河一样奔流不竭。活用奇正之术，变化奇正之法，是指挥员临时处置情况所必须把握的艺术。在广阔的战场上，尽管奇正的变化"无穷如天地，不竭如江河"，但落脚点往往在一个"奇"字上。唯有善出奇兵者，才算领悟了奇正变化的要旨。

与奇正之法相对应，孙子又进一步提出"虚实"思想，即"避实而击虚""因敌而制胜"的作战指导原则。

"虚实"是奇正的具体表现形式，是指军队作战所处的两种基本态势——力弱势虚和力强势实之间的辩证关系。孙子在深刻的观察和思考中，发现水形与兵形有十分相似之处："夫兵形象水，水之形，避高而趋下；兵之形，避实而就虚。"(《孙子兵法·虚实篇》) 就是说，用兵的法则像流动的水一样，水流动的规律是避开高处而向低处奔流，用兵的规律是避开敌人坚实之处而攻击其虚弱的地方。孙子因水之启示而提出的"避实就虚"的战争原理，为历代兵家战将所推崇，并成为屡试不爽的克敌制胜之法宝。

如何做到"避实而就虚，因敌而制胜"呢？孙子认为应根据敌情变化灵活运用各种战法而制胜敌人。他又一次以水作喻："水因地而制流，兵因敌而制胜。故兵无常势，水无常形，能因敌变化而取胜者，谓之神。"(《孙子兵法·虚实篇》) 意思是说，地势的高下而制约水的流向，作战应根据敌情而决定克敌制胜的方针。所以，用兵没有固定不变的方式方法，就像水流没有固定的形态一样；能够依据敌情变化而取胜的，就称得上用兵如神了。这就告诫军事指挥员，指挥作战时要针对敌情变化而采取灵活机动的战略战术，这样才能把握胜利的主动权。

以上孙子关于以水论兵的论述，不但妙语连珠，而且哲理精微。古希腊哲学家赫拉克利特有句名言："人不能两次踏入同一条河流。"道理在于，河水在不停地流动，当人们第二次踏入这条河流时，接触的已经不是原来的水流，而是变化了的新水流。智者所见略同，孙子用与赫拉克利特相同的观点，把战争看成是水一般"流动体"，而不是"凝固体"，并由此提出了"兵无常势，水无常形"的著名格言，对后代兵家的启示可谓大矣！斗转星移，四时更替，一切客观事物都处于发展变化之中。战场上的情况更是瞬息万变，如果千篇一律、墨守成规地对待各种不同的战争情况，就会失去战机，甚至会招致失败。

（三）以水为势，地利制敌

天时、地利、人和都是决定战争胜负的重要因素。孙子十分重视地利，认为它是克敌制胜的重要条件。在《行军篇》中，孙子论述了充分利用各种地形行军作战的方法，特别对依水作战的原则有一段精辟的论述："绝水必远水；客绝水而来，勿迎之于水内，令半流而击之，利；欲战者，无附于水而迎客；视生处高：无迎水流，此处水上之军也。"这里，孙子讲了五层意思，也就是五条依水作战的原则：

第一，"绝水必远水"。部队通过江河后必须迅速远离河流，以免陷入背水作战的险境。远离江河，既可引诱敌人渡河，置敌于背水之地，又可使自己进退自如，不受阻拦。

第二，"客绝水而来，勿迎之于水内，令半流而击之，利"。如果敌军渡河前来进攻，不要在江河中迎击，而要乘其部分已渡、部分未渡时予以攻击，这样才有利。"半渡而击"，这一江河作战原则，经古往今来许多战争实践证明，是一条行之有效的原则。例如，公元前506年，吴楚交战，吴军在柏举（今湖北省麻城附近）击败楚军后，乘胜追击，于清发水（今湖北省安陆西的涢水）追上楚军。吴军采取"半激而后可击"的战术，乘楚军部分已渡、部分未渡的混乱之际，发起攻击，大败楚军。

第三，"欲战者，无附于水而迎客"。这是江河作战的又一重要原则。它包括两方面的含义：一方面，如果我方决心迎战，那就要采取远离河川的布置，诱敌半渡而出；另一方面，如果我方不准备迎战，那就阻水列阵，使敌人不敢轻易强渡。

第四，"视生处高"。即在江河地带驻扎，也要居高向阳，切勿在敌军下游低凹地驻扎或布阵。

第五，"无迎水流"。不要处于江河下游，以防止敌军从上游或顺流而下，或决堤放水，或投放毒药。水战据上游，有地利的优势。孙子还强调，在涉江渡河时，要注意观察水势，不能莽撞行事。他说："上雨，水沫至，欲涉者，待其定也。"河流上游下暴雨，看到水沫漂来，要等水势平衡以后再渡，以防山洪暴至。

另外，关于在山地行军作战，孙子认为应"绝山依谷"，即通过山地必须沿着溪谷行进，因为山谷地形比较平坦，取水方便，且丛林密布，隐蔽条件好。关于在盐碱沼泽地行军、作战，孙子认为要"绝斥泽，唯急去无留；若军交于斥泽之中，必依水草而背众树"。因为一旦缺乏水草和粮食，军队就会陷入十分被动的境地。由此可见，孙子对水在作战中的重要性有非常深刻的认识，强调在各种地形与条件下争战都必须考虑水的因素，以免陷入十分被动的境地。当年，魏蜀交战，蜀将马谡就因屯军山上，被魏军断了水源，导致军心大乱，溃败而痛失街亭，成为千古恨事。

在《孙子兵法·火攻》篇中，孙子不但强调以火助攻，还提倡以水助攻。他说："以水佐攻者强，水可以绝。"认为用水来辅助进攻，攻势可以加强。水可以分割、断绝敌军，从而达到战胜敌人的目的。历史上，以水攻助战、以水代兵并获得胜利的战事不乏其例。著名的如三国时代的蜀将关羽借水攻击樊城北的魏军，取得了水淹三军、大获全胜的骄人战绩。

《孙子兵法》是一部"舍事而言理"，即采取抽象法来论述军事理论的杰出著作。但为了使抽象的军事理论为人们所深刻理解和掌握，孙子往往采用近物取譬的办法，以世间诸物尤其是水的特性和作用为比喻，阐述深奥的军事原理，从而使抽象的兵法变得具体而生动，也为我们诠释这部仰之弥高、钻之弥深的伟大兵书的思想内容提供了感性的依据。同时，由于水的特性和功用，使得以水助攻、以水代兵、依江河作战等原则，必然会成为重视"地利"之《孙子兵法》所论及的主要内容。

总之，中国古代劳动人民一直在探索如何征服和利用水资源，以促进生产、造福社会。这一实践活动贯穿于中华民族的文明发展史。中国古代先哲从水的特点中感悟到玄妙的哲理，将这些哲理抽象化并通俗化，使其成为中国哲学的一部分。水文化与中国哲学思想有着深刻的相通之处，通过理解水的特性，我们能更好地理解和把握中国哲学的真谛。水引领着我们思考人类与自然的关系，以及我们与世界的互动方式。

五、水文化与法家思想

（一）法家的文献

法家的现存著作中《商君书》和《韩非子》被视为法家最重要的两部经典著作。

《商君书》是战国时期商鞅及其后学的著作总集，主要讲述了商鞅的法治思想和变法实践。其中最著名的篇章是《开塞》《农战》等，强调了法治的重要性，主张以法治国、以吏为师，提倡农战政策，认为只有通过战争和耕作才能立国安民。

《韩非子》是战国末期韩非的著作，主要讲述了韩非的法治思想和政治主张。其中《八奸》篇中提到了"水、火、盗、贼"四种危险，其中"水"被用来比喻危险的情况和不利于统治的因素。《韩非子》中也强调通过加强水利设施的建设和管理，来提高农业生产和国家的经济实力。

（二）法家思想中的水文化体现

水文化与法家思想都强调了规则和秩序的重要性，这些两者的共通点是，它们都认为规则和秩序是社会和自然界正常运行的关键因素。

第一，水文化将水的流动视作自然规则的体现，而法家思想则主张建立严格的法律制度，以确保人们的行为有章可循，从而实现社会的和谐与稳定。

第二，水文化中，水被视为自然界的基本元素之一，其流动受到河岸、河床等自然规则的限制。水的流动不是无序的，而是受到地形、地势和气候等多种因素的制约。这一点强调了自然界中规则和秩序的存在，表明即使在自然界中，规则也是不可或缺的。水文化还将水视为净化的象征，水的流动可以洗涤污垢和罪恶，从而恢复事物的纯净状态。这也反映了水在自然界中起到维护秩序和净化的作用。

第三，法家思想强调了建立严格的法律制度的必要性，以确保人们的行为有章可循。在法家哲学中，法律被视为社会秩序的基石，通过制定明确的规则和法律来引导和规范人们的行为，以维护社会的和谐与稳定。这一观点与水文化中对自然规则的强调相呼应，表明在社会中，规则和秩序同样是不可或缺的。法家哲学中也强调了惩罚犯罪行为的必要性，以确保社会的公正和秩序。这与水文化中水的净化作用有一定的类似之处，都是通过制定规则和采取措施来恢复秩序和纯净。

第四，水文化与法家思想都强调了惩罚的作用。在水文化中，水的流动具有净化的作用，可以洗涤污垢和罪恶。同样，法家思想也主张对犯罪行为采取惩罚措施，以维护社会的公正和秩序。这表明惩罚在不同领域中都具有一定的重要性，不仅可以纠正错误行为，还可以维护社会的稳定和秩序。

（三）法家先贤的水文化思想

管仲（？—公元前645年），名夷吾，被称为法家鼻祖，他的思想和主张集中体现在《管子》一书中，其中对水有诸多论述。

1. 水之哲学——万物之本源

我国古代朴素唯物论把金、木、水、火、土"五行"视为世界的本源。水生万物的哲学观念（具有明显的朴素唯物论思想），几乎是中华民族一种普遍的心理意识，《管子》一书的作者就是持有这一观念的代表。《水地篇》中说："是以水者，万物之准也，诸生之谈也。""水者何也？万物之本原，诸生之宗室也。……万物莫不以生。""是故具者何也？水是也。万物莫不以生，唯知其托者能为之正。"这些都明确地把水看作世间万物的根源，是世界的本原，是各种生命的根蒂。为了增强上述论点的说服力，《水地篇》中还说："是（水）以无不满，无不居也。集于天地而藏于万物，产于金石，集于诸生，故曰水神。集于草木，根得其华，华得其数，实得其量。鸟兽得之，形体肥大，羽毛丰茂，文理明著。万物莫不尽其极，反其常者，水之内度适也。"这段话主要表达了两层含义：其一，水浮天载地，无处不在，世间万物中都有水的存在，这是水独具的神奇之处。其二，万物之所以繁衍生息，充满生机与活力，靠的是水的滋养哺育；如果没有水，万物就失去了生存的根本。不仅生物如此，连人的生命本源也是水："人，水也。男女精气合，而水流形。凝塞而为人。"这就强调了人是由水生化而来的。管子的这些观点为水文化奠定了深厚的哲学基础。

2. 水质治理

管子提出了一整套治水、兴修水利的办法，主要集中在《度地篇》中。

他认为"水有大小，又有远近。"据此，将水分为经水、枝水、谷水、川水、渊水，"此五水者，因其利而往之可也，因而扼之可也，而不久常有危殆矣。"之后又对水的特性作了分析，要求按照水性和不同类型采取不同的治水措施，以兴利除害。

管子还提出应加强管理，"请为置水官，习令水者为吏：大夫、大夫佐各一个，率部校长、官佐各财足。乃取水左右各一人，使为都匠水工。令之行水道、城郭、堤川、沟池、官府、寺舍及州中，当善治者，给卒财足。"这体现了管子的水政思想。

"常以秋岁末之时，阅其民，案家人比地，定什伍口数……并行以定甲士，当被兵之数，上其都。"即组织民众兴修水利。另外，管子还对筑堤、灌溉等作了具体分析，这些建议都是非常宝贵的，促进当时水利事业的发展与进步。

3. 水之道——治国与理民

我国古代的思想家们往往能从水性和治水活动中得到治国安邦的启发，并升华为治国安邦的思想。《管子》在以水喻政方面多有精辟的阐述：

在治国方面，管仲始终把水利放在治国安邦的重要位置。《度地篇》中就强调："善为国者，必先除其五害。""五害之数，水为最大。""除五害，以水为始。"他还以水喻民，要求统治者顺民。《牧民篇》指出："下令于流水之源（源），使居于不争之官（职业）；……下令于流水之源，令顺民心也。……令顺民心，则威令行。"用水自源头顺流而下、自然而然的形态，说明颁布实施政令应顺应民心、易于推行的道理。管子在《七法篇》中提出了治国治民必须要掌握好七条基本原则，其中用好"决塞"之术是重要的一条。"治人如治水潦……居身论道行理，则臣服教。"《君臣篇下》中说："天下道其道则至，不道其道则不至也。夫水波而上，尽其摇而复下，其势固然也。"这也是说人君须行道，天下就会归附，这好比浪头涌起，到了顶头又会落下来，乃是必然的趋势。

4. 水之德——君子之德

管子对水特别推崇，认为人的性格、品德、习俗等都与水有着密切关系。

《水地篇》说："水，具材也，何以知其然也？曰：夫水淖弱以清，而好洒人之恶，仁也。视之黑而白，精也。量之不可概，至满而止，正也。唯无不流，至平而止，义也。人皆赴高，己独赴下，卑也。卑也者，道之室，王者之器也，而水以为都居。"这段话主要意思是说：水是才美兼备的。水柔软而清澈，能洗去人身上的污秽，这是水的仁德。水看起来是黑色的，其实是白色的，这是水的诚实。计量水不必用"概"，流到平衡就停止了，这是水的道义。人都愿往高处走，水独向低处流，这是水的谦卑。谦卑是"道"寄寓的地方，是王天下的器量，而水就聚集在那里。

《管子》依据水的不同功能和属性，以德赋之，与老子"上善若水"和儒者"以水比于君子之德"的观念一脉相承。总之，《管子》通过盛赞水具有的"仁德""诚实""端正""道义""谦卑"等优良品德，主旨是规劝人们要向水学习，效法水的无私善行，从而达到至善至美的境界。

5. 水与城市

《管子·乘马篇》中说："凡立国都，非于大山之下，必于广川之上。高毋近旱而水用足，下毋近水而沟防省。因天才，就地利，故城郭不必中规矩，道路不必中准绳。"

《度地篇》中又说："故圣人之处国，必于不倾之地，而择地形之肥饶者，乡山，左右经水若泽，内为落渠之写，因大川而注焉。"这几句话告诉我们，选择城都或城市的位置，要考虑地形与水的因素，既要有充足的水源，又要有较好的防洪条件，因地制宜。可见，管仲认为城市建设要重视水环境，应考虑供水、排水、防水等方面。这也为后人城市的建设、都城的选择提供了意见。

第四章 多维视域下中华水文化的哲学表现

第一节 中华水文化在绘画艺术中的哲学表现

一、中国绘画艺术的哲学意义

中国绘画艺术自古以来一直承载着丰富的哲学意义，它不仅仅是一种艺术形式，更是一种思想的表达和哲学的传达。中国绘画艺术的哲学意义体现在以下方面：

第一，中国绘画与自然的和谐。中国绘画强调与自然的和谐共生。在中国传统文化中，自然被视为与人类生活息息相关的一部分，绘画被认为是表达人与自然和谐共处的方式之一。画家通过绘画来表达他们对自然界的理解和感悟，强调人与自然的相互联系。这种和谐观念在中国绘画中常常通过山水画来表达，山水画强调山川河流的自然美，以及它们与人类生活的融合。

第二，内在与外在的关系。中国绘画倡导内心的宁静与外在世界的关联。绘画不仅是一种技术，更是一种精神修养的表现。通过绘画，画家试图表现他们的内心感受和情感，同时与外在世界建立联系。这种内在与外在的关系强调绘画的哲学性质，它不仅仅是在画布上的表现，更是思想和情感的传达。

第三，中国绘画与时间的流逝。中国绘画常常强调时间的流逝和生命的短暂。中国绘画中常见的主题之一是季节变化和生命的轮回。这反映了中国哲学中关于生命和时间的思考，强调了人生短暂、时间无常的观念。绘画被用来表达这些哲学思考，鼓励人们珍惜当下，并思考生命的意义。

第四，笔墨哲学。中国绘画以其特有的笔墨哲学而闻名。绘画的墨、笔、纸、绢等材料被视为绘画的灵魂，它们在绘画过程中承载了艺术家的思想和情感。中国绘画强调墨的浓淡、笔墨的韵律、线条的流畅，这些元素都包含了深刻的哲学内涵。笔墨哲学不仅仅是绘画技巧，更是对生活、自然和人性的思考。

总之，中国绘画艺术可以帮助人们更好地理解自然、生命和宇宙的奥秘，同时也鼓励人们反思自己的内心世界，以及与外部世界的关系。这些哲学思考在中国绘画中通过不同的风格和题材得以表达，使中国绘画成为一种独具特色的艺术形式，充满了深刻的文化内涵。

二、水文化在绘画创作艺术中的作用

中华绘画艺术——中国画，人们一般使用毛笔蘸水、墨、彩在绢帛或者宣纸上进行描绘，然后将画作装裱形成卷轴画。其中，水在中国绘画创作中主要具有空间构建、表现画作审美与意境的功能。

（一）营造空间感

在中国绘画的创作过程中，水的运用可以起到营造空间感的作用，可以在整幅画作中营造出一定的空间结构。西方绘画中为营造空间感往往采用透视原理进行创作，如常用空间透视、色彩透视等，使画作中的场景或者人物更加真实。在中国绘画的空间营造中，水是重要的依托，画家多是借助水来营造重叠关系的空间，以此对画作中的画面层次及内涵表达起到一定的补充作用，进而展示出画面的空间感。

随着绘画创作技巧的不断成熟，宋代画家郭熙提出了"三远法"的绘画理论，这也是中国山水画中一种特殊的透视法。在画作中，画家将不同视角的自然场景自然融入同一画面中，进而突破空间限制，让人的视线延长，可以通过观看画作感受到无限的空间。具体而言，"三远法"指的是高远法、深远法以及平远法。

高远法是指从仰视角度创作，画中的景物起于视平线以上，进而突出表现景物的高；深远法突出的是深，画家采用俯视视角进行景物的描绘，从而使景物展现出深远的效果，打破观者的视野局限性，可实现对景物的集中描绘；平远法是通过平视的视角进行创作，画家以平视的视角观察景物，通过近小远大的方法来营造画作的空间感。水是平远法创作形式最常选用的元素。在中国绘画中，运用水可以使画作的空间有一定的延伸效果，使画作营造的空间更加广阔，能够更好地表达整个画作中景物的空间关系，赋予画面以更好的视觉美感。

（二）表现画作审美与意境

中国绘画和西方绘画的不同之一在于审美角度。西方绘画注重画作的真实性，中国绘画则强调意象，更为注重意境的营造和情感的表达。在绘画创作过程中，画家喜欢借助画面内容表达内心情感，注重所描绘的自然景物和内心情感的融会贯通。画家在进行绘画创作时，多会将自己的情感融入其中，使作品更有深意。

水在中国绘画中的运用就起着表现画作审美和意境的作用，在画作留白处运用水，可以营造悠远的画面感受。如马远《水图》主要运用勾勒之法，即用水墨或淡色晕染画面，使其呈现水的层次。马远《水图》之"黄河逆流"、孙克弘《水图》之"黄河逆流"均在勾勒的基础上添加渲染之法。同时，画家还以留白的方式以及山石、小桥、舟船等的表现暗示水的存在。元代黄公望《富春山居图》中对水的表现则主要运用留白的方法。

另外，将水运用于绘画创作中还能使水的各种形态及情态充分展现，观者在欣赏作品时可以体会到画家想要表达的情感，进而产生共鸣，使心灵获得慰藉。观者还能在欣赏画作中的高山流水的同时陶冶情操，感悟生命之美和人生真谛。水在中国绘画中的作用除体现悠远的意境之美外，还可以借助水墨的结合展现多种多样的形态，画家通过运用多种绘画技巧呈现多样的画面，让动态和静态的水都能呈现出来，可以极大地提升中国绘画的艺术性与审美性。

三、水文化在绘画创作艺术中的应用

（一）作为题材内容的水

1. 泉水和瀑布

动态的水在中国绘画中发挥着至关重要的作用，水只有动起来才能呈现不同的形状。动态的水主要可以表现为泉水和瀑布，一般采用烘托渲染和勾勒的绘画方式来描绘山石的外形，进而表现出水的动势，并同时运用墨色来映衬白泉。观摩古人创作的山水画名作，不难看出古代画家借助线条就能将山泉和瀑布的形态表现出来。如清代画家郑燮的《甘谷菊泉图》，画家仅用四条直线就将瀑布的形态勾勒于纸上，非常具有新意。再比如李成的《晴峦萧寺图》，采用递进的形式将水流的形态表现出来，使观者可以领会到水仿佛在流动的画面。

2. 溪流和水涧

泉水和瀑布属于动态的水，而溪流和水涧属于静态的水，其在表现山林景色时更具优势。如宋代著名画作《虎溪三笑图》借助折线将溪流呈现在纸上，所形成的水涧也清晰可见，画家还在作品前端绘出小瀑布，通过勾勒和烘托的形式将山水景色细节表现出来，使画面更具立体感，也展现了山水环绕的一种意境美。李唐《万壑松风图》中的流涧也紧紧吸引了观者的注意力，增添了画作的生机，使硬气的画风带了一丝婉约。倪瓒《幽涧寒松图》采用平远法将画面压缩在平视的视角，采用阶梯形式来表现流涧，用空白表示下面的水潭，静中有动，动中有静，借助流涧的动来突出水潭的静，使整个画面具有悠远静寂的意境。

3. 借助他物表现水

通过研究中国绘画，可以发现鱼纹比水纹更早出现在绘画中，这就说明古人也喜欢借助他物来表现水。唐宋花鸟画中经常出现借助他物表现水的绘画形式，如在《红蓼水禽图》中，画家借助鸟在红蓼枝上休息，红蓼被鸟的体重压弯，导致叶尖浸入水中的情形来描绘水。虽然整幅画作中没有对水的细致描绘，但是可以让人一眼就能理解画家的创作意图，可以看出水在哪里。在明代画作《芦雁图》中，画家采用了一种创新性的绘画技法来表现水，其借助画作背景来展现静态的水，芦雁掠过水面，使水面形成涟漪，水草摇动的景象也在水中映出倒影，这都是借助他物表现水的典型代表作品。

4. 水禽浮水

在中国绘画中借助水禽浮水进行创作也是画家常用的表现形式，这与山水画艺术创作中借助漂浮的小舟具有同样的表现效果。如《太液荷风图》中掩藏于荷叶中的野鸭，通过看不见的脚掌与腹部这种遮掩的方式，表现了水的不透明及波动性，这与传统借助他物来表现水的清澈见底不同。宋代画家张茂的《双鸳鸯图》也是借助鸳鸯游动形成的波纹来表达画面是一池湖水的意境，鸳鸯向芦苇方向游去，好像要上岸休息，让人产生想象。《溪凫图》呈现的是一只野鸭正立于水岸边上，同时河里水波阵阵泛起的画面，以不规则的线条表现出水纹。

（二）作为材料媒介的水

在绘画创作中，画家一般非常注重意境的营造和情感的表达。为更好地彰显画家的情感及画面意境，需要运用笔墨勾勒。中国绘画中最能体现创作意境和情感的就是水墨画。当然，水墨画的表现效果与水和墨的运用情况息息相关，特别是对水的运用。

结合古代画家对水与墨关系及水墨和绘画关系的研究，我们可以看出水墨是中国绘画的根本组成，其中，水是水墨的根本。在绘画创作时，画家通常非常注重水的运用，水与墨的比例和浓度对画作的呈现效果以及意境和情感表达起着至关重要的作用。不同比例的水与墨可以产生不同深浅程度的墨色，即人们常说的"墨分五彩"。毫不夸张地讲，水就是水墨的载体，运用水墨进行创作也就是用水在创作。如果水的含量较大，色彩呈现就比较淡，水含量较少时，色彩就显得浓厚，然后画家再以不同浓度的墨色表现不同的意境和内容。因此，水的运用和中国绘画所要表达的情感内涵有直接关联，水是绘画创作的精髓和关键所在，画家需要巧妙运用水，创作出意境和内涵均丰富的优秀作品。

需要注意的是，在绘画创作中，即使水的含量较少，如果方法不得当也会出现墨水流溢的现象，不能较好地发挥水的价值。因此在水的应用过程中，画家要重视加强水分含量以及用笔方法的把控。与此同时，为更好地运用水，还需要勤加练习，熟能生巧，进而有效掌握水的运用方法。如著名画家黄宾虹对水的运用就非常成功，通过分析其画作，我们可以看出他在运用水时并没有盲从传统的绘画技巧，而是通过认真研究，大胆尝试将水与墨相融合，进而形成强弱、浓淡等变化，他将中国绘画的创作技巧发扬光大，形成了具有独特风格的绘画技巧。

可以说，水是水墨的灵魂，必须将水的应用同中国绘画的创作效果以及绘画形象紧密结合起来，才能展现中国绘画的质感和内涵。只有运用好水墨，才能展现中国绘画的独特魅力。因此在现代绘画创作中要对水的运用加以创新，对水的表现力进行研究，运用好水，之后再结合自身实践感悟以及情感内涵创作出优秀作品。

第二节　中华水文化在书法艺术中的哲学表现

中国书法艺术始于东汉，成熟于魏晋，昌盛于之后的各代。它不仅是文字的表现，也是美的载体，文化的象征。书法是一种艺术，由线条和点画组合而成，其中表现出的行云流水般的美，暗示着它与水有不寻常的关系。

一、书法艺术中的水元素

书法和水元素是息息相关的，书法与"水"同源，书法用毛笔来构成线条，其线条、形态与流水一样，有明显的起起落落，有时宛如涓涓细流，有时又有洪水般张力。书法丰富的形态和形式，也彰显出了水元素的多样化，由此可以看出两者之间的渊源。"水"与书法的关系，其实质是二者具有相同的艺术理想、审美情趣、艺术特征，它们以不同的形态，呈现出相同的国家文化精神，这便是他们之间的本质联系。

（一）书法艺术中水元素的含义

书法艺术中水元素的背后所蕴含的则是中华民族发展千年的水文化。中国书法是中国水文化中具有代表性的一种艺术形式，它在现代艺术中表现出旺盛的生命力，它里面蕴含的水元素具有较高的美学价值，深受大众追捧。

书法基于汉字的书写，通过水墨、毛笔、结构、布白，表现出水元素的意蕴，表达出中华民族千百年来对于"水"的情感。由此可见，作为一切生命源泉的"水"来说，其对于书法艺术的意义也不同凡响。在一定程度上，书法艺术中水元素赋予了书法艺术生命，给予了书法艺术的灵魂。

（二）书法艺术中水元素的表现形式

1. 水元素表现形式：水字书法

水书是一种古老的艺术，汉译为水书。其是远古"水家人"的适用文字，可追溯到殷商时期。水书、甲骨文、金文都对汉字的产生和发展有着重要意义。古代的水族文字是世界上仅存的象形文字之一，其记录了古代水族的生活环境、法律信仰等水族文明，堪称"百科全书"。水书通过口传、手抄保留至今，被称为"活化石"。根据专家的研究和考证，现存的古代水族文字近三千种。目前仅存的少量水书，与甲骨文较为相同，以象形字为主。

水字书法是指，将古老的水书文字发展成为一种书法艺术。水字书法除了要包含水族文化之外，还包含中国的传统文化。水字书法在发展过程中，要吸收新时代特色文化，将现代水文化的精华与水字书法的创造进行融合。

2. 水元素表现形式：山河湖海中的书法艺术

中华山河湖海的风景名胜区，几乎随处可见书法艺术。风格迥异的碑文、条幅等都是中华民族水文化的瑰宝。古人喜欢用书法表达出对于山川河流的喜爱之情，并且刻在孤山南麓的西湖上。昆明滇池大观楼门前的门柱上，也刻有一副百余字的对联，出自孙髯之手，利用书法艺术描绘滇池美景，抒发远游之情。书法中水元素的应用形式，无论是从技术角度，还是从美学角度来看，都坚守了"上善若水""以人文本"等原则，可以与人的心境与精神契合。

二、中华水文化在书法艺术的哲学思想解析

中国书法源于实用，却又高于实用，是中国文人内心思想和情绪的表达与体现。书法中所蕴含的水之哲思，对书法艺术有着深远的影响，体现着中华民族的审美意识。

（一）水与书法的中庸之意

中庸思想是孔子感悟于自然现象、人类社会发展而提出的一种哲学观点。一方面，水的自然形态给孔子以直接的启发："中"者，水流之中线也，另一方面，中庸思想的形成也与古代治理水患的经验教训息息相关。华夏文明作为农耕文明，在生产和设施不发达的古代，洪水严重影响民众生产生活，治理水患的历史也紧紧伴随着中国社会的发展历史。孔子所处的春秋时期，修挖河道与围筑堤坝相结合的治水方法已普遍存在，孔子意识到，疏通与堵截的关系是对立统一、相辅相成的，具体采用哪种方法，则要结合具体的情况进行讨论。这种治水中对立统一的辩证思想也给了孔子以极大的思考和启发，这为"中庸"方法论的提出开辟了现实生活中的道路。孔子将其感悟系统归纳起来，加以理论化，从而提出了"中庸"的思想。

书法艺术也追求"中庸"的审美境界，书法艺术中的形神兼备、动静结合、疏密有当、虚实相生、刚柔相济便是"中庸"之美的表现。在书法作品中，西晋陆机的《平复帖》、北魏王远的《石门铭》可算是"质胜"的代表，而元代赵孟頫的《烟江叠嶂图诗卷》、明代董其昌的《杜甫谒玄元皇帝庙诗》是"文胜"的书法作品。东晋王羲之的书法作品则是"文质彬彬"的代表，其用笔生机灵动，既有自然之趣、质朴之美，又富有韵律、风神飘逸，尽得笔墨之趣与形式之美。这种美，便是"中庸"之美。书法创作中，结体的宽窄、胖瘦；墨色的浓淡、枯润；章法的疏密、虚实；节奏的疾徐等对比变化，也都要在"中庸"之美的整体和谐原则之下，如果失去了整体平衡，便会显得刻意取巧。

"中"，一如平稳的水流中线，既是儒家道德修养的标尺，也是书法艺术所要达到的准绳、书者所要练就的心境。"中和"是一种发于至真而达于至善的境界，它是动态的，如奔腾不息的流水那般，有千万种态势形状而又聚合为一。"中和"是国人生生不息的追求，至真至善是"中和"的最佳状态，这种状态也就是美。中和之美也即是刚柔并济、动静相和，气象万千而又浑然一体。"中庸"并不是平庸，而是高度的和谐，是"和而不同"，不激不励，是飘逸与厚重、质朴与妍美的统一，是发之自然而又众美毕集的艺术境界，书法艺术所追求的就是这种境界。

（二）水与书法的虚静之态

老子是春秋时期著名的思想家，老子以水喻道，以水比德。其中，"静"是水的德性，也是道家思想中智慧人生的自然呈现。当水静止时，水会徐徐澄清。道家认为，水是自然万物运行的根本，不仅在无声中滋养着万物，还在无形中支配着自然万物的运行和发展。

自然之道，本性如水般清静，藏于无形却统摄自然万物之运化，使自然万物循道而行。书法艺术的创作、欣赏同样需要止水之心，返璞归真之美。

（三）水与书法的刚柔之法

书法艺术，被誉为"水"的艺术，是一门充满柔中带刚之美的艺术形式。在书法的世界中，毛笔与水墨的配合，展示出了柔与刚的完美融合。与硬笔相比，毛笔和水墨似乎是柔弱的元素，但它们却能创造出充满气势和力量感的书法作品。

第一，毛笔作为书法的工具，体现了柔的一面。毛笔的笔毛柔软而细腻，悬挂在手中时仿佛一股轻柔的风，能够根据书法家的意愿，在纸上舞动。毛笔的柔，让书法家可以自如地运用笔墨，流畅地书写。书法艺术家在运用毛笔时，需要通过细腻的笔触和力度掌握书法作品的线条和结构，这种柔中带刚的特性使书法作品充满了优美的流动感。

第二，水墨代表书法的刚。水墨的墨汁浓稠，黑白分明，如同一片坚实的大地，给书法作品以坚定的基础。书法家可以通过掌握水墨的浓淡和墨汁的渗透来表现出作品的力量和深度。水墨的刚，使书法作品能够展现出雄浑的气息，给人以深刻的印象。

第三，毛笔的柔和水墨的刚相互结合，才创造出了最美的书法之美。在书法的创作中，毛笔和水墨相互配合，书法家需要在毛笔的柔中找到平衡，用水墨的刚来加强作品的表现力。毛笔在纸上的飘逸与水墨的坚实相互对立又相辅相成，形成了一种独特的和谐。这种和谐，使书法作品既具有了柔美的线条，又展现出了坚韧的力量，让观者感受到了一种深刻的审美享受。

（四）水与书法的留白之用

在书法艺术中，墨与空白为两大对比，所以中国书法艺术除了以线造型的特点外，还有一个显著的特点，那就是对"布白"的看重，书法美学思想的精髓可以凝结为黑白、有无的辩证美学观。我们也从书法的黑与白中探寻到国人的审美观：毫无章法的空白，他们不屑一顾；纯粹整齐的空白，又失去了其意趣。

书法艺术讲求"计白当黑"，空白的地位尤其重要，书家在每字的间架中、整篇的章法中，都有意地衡量其中的黑白关系，以运笔铸字为黑、为有、为实，以运心造境为白、为无、为虚，以达到气韵生动的美感。庄子说："虚室生白"，也正是因为书法艺术中的空白，笔墨的各样形态才能更好地得到表现，这种画面内的空白与象外的空白连成一片，才能让人们更能在书法艺术的形式范畴中体会那种阴阳互补的"道"的神奇所在，使得整个书法作品有着更广阔的外延，在"虚"中传出生机，超出象外、得其环中，空白也正因其

"无用之用"，所蕴含的审美容量和想象外延才能够更大，更广阔无边，让人深思与神往的魅力。

第三节　中华水文化在文学艺术中的哲学表现

"千百年来，中华文化在水的滋养下持续发展，劳动人民也在与水相关的各种实践中产生了丰富的文化想象，创作出众多文学作品，这些文学作品便成为阐释水文化、探究水文化的有效载体。"① 在丰富的古代文化中，以水为描写、抒情对象的诗句数不胜数，水已成为一个"传统意象"。水被赋予丰富的情感，其中包括爱国之情、欢乐之情、忧伤之情、友爱之情、恋爱之情等。文学的发展有一个漫长的过程，水作为文学描述的对象，其作用和地位也有一个发展变化的过程。水作为一种自然事物，可以是衬托人物心境、活动的一种环境、场所，之后逐渐成为独立的描述对象，并被赋予丰富的情感和寓意。

一、中华水文化在诗中的哲学表现

诗是中国古代文学较早出现也是极为重要的表现形式之一。原始诗歌是远古先民在集体劳动中产生的，它反映了原始人类的生活情景。由于水是生命之源，与人类的生产生活息息相关，故从诗歌产生的那天起，水便与诗歌结下了不解之缘。

（一）《诗经》中的水文化

《诗经》以水中或水边的自然景物，即物性情，用以渲染气氛，协助主题展开的。这些景物描写虽然是略加点染，简单质朴和不经意的，但能与诗人的感情交相辉映，创造出了一种和谐的艺术气氛，给人以美的感受。此外，《诗经》中有关水等自然景物还有比拟、象征的意味。如"扬之水，白石凿凿"（《唐风·扬之水》），以水的缓弱象征某种政治势力的衰败。再如"淇水汤汤，渐车帷裳"（《卫风·氓》），以淇水上涨，浸湿了车的幔布，比喻主人公苦难日子的降临。但这些"写景"诗句的重心都不在山水本身。

水入诗，应该追溯到《诗经》时代之前。虽然《诗经》的作者们对自然山水还不具备审美追求，但一些诗已在自觉或不自觉中将自然景物的色彩、音响、姿态如实地描绘出来，并营造出具有诗情画意的意境，为后来山水诗的形成和发展提供了直接的艺术经验。

---

① 聂之璠. 中华水文化在文学作品中的体现研究 [J]. 灌溉排水学报，2023，42（08）：157.

另外,《诗经》时代,人们已从实际生活的体验中意识到了自然山水的怡情作用:"淇水悠悠,桧楫松舟。驾言出游,以写我忧。"(《卫风·竹竿》)这与后世山水诗人借登山临水消愁解忧的动机是一致的。

(二)《楚辞》中的水文化

楚辞兴起于战国后期的南方大国——楚国,以楚民歌为基础。其中,有不少诗篇对水等自然景物进行了赞美与讴歌,生动再现了楚国秀丽的山川和千姿百态的自然之物,也寄托了作者深厚的亲近、赏爱大自然的情怀。如宋玉的《招魂》:"川谷径复,流潺湲些。风光转蕙,氾崇兰些……芙蓉始发,杂芰荷些;紫茎屏风,文缘波些。""皋兰被径兮斯路渐,湛湛江水兮上有枫。目极千里兮伤春心,魂兮归来哀江南。"这些写景的句子无不形象生动优美动人。同时,楚辞中借山水以解心中忧愁的句子也较《诗经》更为多见,如:"采芳洲兮杜若,将以遗兮下女。时不可兮再得,聊逍遥兮容与。"(《九歌·湘君》)"开春发岁兮,白日出之悠悠。再将荡志而愉乐兮,遵江夏以娱忧。"(《九章·思美人》)借自然山水"娱忧",说明自然山水之美已被楚人所感知。

与《诗经》相比,楚辞的抒情色彩浓郁,而这种感情的表达,常常借助于山水等自然景物的描写。正如刘勰所指出:"若乃山林皋壤,实文思之奥府……屈平所能洞见《风》《骚》之情者,抑亦江山之助乎?"楚国有极富原始美的自然山水,这种美"物"与诗人的那颗富于审美的"心"交感,便自然会出现情景交融的艺术境界。"帝子降兮北渚,目渺渺兮愁予。袅袅兮秋风,洞庭波兮木叶下。"(《九歌·湘夫人》)"雷天天兮雨冥冥,猿啾啾兮狖夜鸣。风飒飒兮木萧萧,思公子兮徒离忧。"(《九歌·山鬼》)在这里,情与景彼此呼应,如水乳般交融在一起,震撼人心,魅力无穷。

(三)隋唐时代山水诗中的水文化

初唐时期,"初唐四杰"的山水诗,以清纯、美丽、疏阔、昂扬的面貌引领着时代的风尚。"巫山望不及,望望下朝雾。莫辨啼猿树,徒看神女云。惊涛乱水脉,骤雨暗峰文。"(卢照邻《巫山高》)"野静连云卷,川明断雾销。灵岩闻晓籁,洞浦涨秋潮。"(骆宾王《冬日野望》)"三峡七百里,唯言巫峡长。""入夜分明见,无风波浪狂。"(杨炯《巫峡》)这些诗对山容水貌的描绘无不真切动人。

盛唐时期,王维和孟浩然的山水诗达到了新的高度。王维是山水田园诗派的领袖人物。他的山水诗有很高的审美价值,无论是吸取绘画、音乐的艺术美,还是浑然天成的格调和清新雅丽的意境,都表明他把盛唐山水诗的审美艺术推向了高峰。

另外，张九龄、储光羲等人也写出了不少吟咏山水景物的好诗。张九龄是盛唐文风的开先者，他的山水诗清丽自然，往往把自己的人格胸襟寓于对山水形象的刻画中。如《湖口望庐山瀑布》："万丈洪泉落，迢迢半紫焚。奔飞流杂树，洒落出山云。日照虹霓似，天清风雨闻。灵山多秀色，空水共氤氲。"诗中突出描写了庐山瀑布的雄姿，同时还探究了山水的精微妙谛，借以体现出自己的人格风貌。储光羲的田园诗多表现农村生活安静淳朴的一面，借以抒发自己闲适隐逸的情怀。如《钓鱼湾》："垂钓绿湾春，春深杏花乱。潭清疑水浅，荷动知鱼散。日暮待情人，维舟绿杨岸。"写春日潭边垂钓的情致，淡朴自然，尤其是"潭清疑水浅，荷动知鱼散"两句，一悬一断，情趣盎然，表现出垂钓全神贯注的情态。

（四）李白与杜甫中的水文化

李白对祖国的大好河山充满深厚的感情，他以豪迈的情怀，天才的文思，纵情讴歌伟大祖国的美丽河山。以水入诗，在李白的诗篇中俯拾即是，举凡江河湖海瀑布飞泉，无不在他笔下得以豪迈的展示，或奔腾咆哮，一泻千里；或壮阔雄浑，一碧万顷；或悬流直下，浪花激荡，千变万化。其山水诗多彩多姿，令人目不暇接。

杜诗有"诗史"的盛名，其诗往往对山水景物赋予鲜明的时代特色，既丰富了诗的内涵，又提高了诗的境界。如《登高》："风急天高猿啸哀，渚清沙白鸟飞回。无边落木萧萧下，不尽长江滚滚来。万里悲秋常作客，百年多病独登台。艰难苦恨繁霜鬓，潦倒新停浊酒杯。"肃杀的秋天，风急鸟还，落木萧萧，万里长江也在诗人的悲愁中滚滚而来，让人感到"国破山河在"的悲剧气氛。又如《登岳阳楼》："昔闻洞庭水，今上岳阳楼。吴楚东南坼，乾坤日月浮。亲朋无一字，老病有孤舟。戎马关山北，凭轩涕泗流。"此诗的三、四句写吴楚之地好像被洞庭湖分作两半，表现出洞庭湖包含乾坤的雄伟壮阔气势。但接下来写自己的老病孤独和戎马战事，以此表现国家的多灾多难。此诗以"今上岳阳楼"夙愿终偿的欣喜始，以国家多悲哀结；中间又以洞庭湖的阔大和漂泊的痛苦相互映衬，寓意深刻，分明让人感到：如果没有国家的安宁，壮丽的大好河山也难以抹平个人内心的痛苦。

总之，在中国诗的长河中，有关水文化的诗句不胜枚举，水与诗相契合，便奏响出中华水文化的动人乐章。

二、中华水文化在词中的哲学表现

词是我国隋唐之际诞生在文学领域中的一朵奇葩，兴于唐，繁衍于五代，盛于两宋。

与诗一样，词从诞生的那天起，就与水结下了不解之缘。

第一，刘禹锡。刘禹锡是中唐时期较早依曲填词的作家之一，所作竹枝词有独步当时词坛之誉。他的《浪淘沙》词中描写了钱塘潮的气吞山河的气势。先用一个"吼"字，极为生动形象地状写钱塘江潮到来时咆哮的声势，接着又写钱塘江潮头凌空跃起，高达数丈的壮观景象，可谓笔落惊风雨。以景喻理，暗示人间事物也像潮涨潮落一样瞬息万变。

第二，白居易。作为唐代大诗人，中唐新乐府运动的倡导者，也是唐代早期写词较多的出色词人之一。以《忆江南》，作者在对江南风景的具体描绘中，在众多的景中抓住"日出"和"春来"江上的景致：当春天到来的时候，大江两岸百花盛开，在明媚的阳光下，江花如火一般鲜艳；滚滚东流的江水澄碧湛蓝。"火"形容花红，"蓝"形容水色，极为生动贴切，而阳光、江花、江水，共同交织成一幅美丽壮观的图画。

第三，欧阳修。作为北宋诗文革新的领袖，一代文宗。他善文善诗，也擅长写词，与晏殊齐名。其因早年曾被贬谪，对山山水水情有独钟。在欧阳修笔下，水的传统的意象，如"离愁渐远渐无穷，迢迢不断如春水"（《踏莎行》），形容离愁如迢迢春水无穷无尽；"渐行渐远渐无书，水阔鱼沉何处问"（《玉楼春》），以水阔鱼沉谓音书断绝。

第四，苏轼。字子瞻，号东坡居士，眉州眉山（今属四川），是继欧阳修之后的宋代文坛领袖，诗、词、文造诣都很深，代表了北宋文坛的最高成就。如《念奴娇》"赤壁怀古"是苏轼传之千古的名篇，尤其是"惊涛拍岸，卷起千堆雪"二句，形象生动，是写水的佳句。在词中，奔流不息的长江不但是历史的象征，而且也是历史的见证。再如《满江红》一落笔便写长江、汉水，浩浩荡荡，奔涌而来，状写了大江纳百川纳万流、直奔东海的雄伟气势。接着转入近景，写黄鹤楼下，江水澄澈碧透，再由"犹自带"三字领起，以视通万里的想象，言奔腾的大江携带着蜀地岷山、峨眉的雪浪和锦江的春色，不仅为大江铺染了一层绚烂夺目的色彩，而且融入了浓浓的乡情。

第五，李清照。自号易安居士，兼攻诗文，词尤其为宋代大家。前期词多涉闺情相思，词风清丽婉转，风流蕴藉；南渡后，故土之思与身世之感入于所作，风格变为沉郁缠绵，悲怆凄苦。李清照借水表达情感的句子，如："唯有楼前流水，应念我、终日凝眸。凝眸处，从今又添一段新愁。"（《凤凰台上忆吹箫》）写丈夫就要远去的离情，心中涌起的无限闲愁暗恨，只有楼前的流水知道。又如："花自飘零水自流。一种相思，两处闲愁。"（《一剪梅》）同样是抒写女主人公的相思之情，感伤落花流水无情。李清照还善于用雨表达自己的思想感情，如"昨夜雨疏风骤，浓睡不消残酒"（《如梦令》），"人道山长山又断，萧萧微雨闻孤馆"（《蝶恋花》），"萧条庭院，又斜风细雨，重门须闭"（《念奴娇》），"梧桐更兼细雨，到黄昏、点点滴滴。这次第，怎一个愁字了得"（《声声

《慢》），这些不同形态的雨，从不同侧面烘托了作者当时的心境，收到了寓情于景的艺术效果。

总之，人们不但对水的各种形态之美进行动人的讴歌，而且更为主要的是以水为载体，充分表达词家喜怒哀怨等各种丰富的情感。

第四节　中华水文化在音乐艺术中的哲学表现

音乐是人类最古老、最普遍地传达感情的一种艺术形式。它用声音表达情感，通过演唱和演奏，使听者获得美的感受。音乐的张力和流动就如同水一样，水不仅是音乐创作的素材，还会给人以启迪和陶冶，创作出更优秀的作品。聆听古代音乐，我们就会听见潺潺水声，尽显水的魅力与神韵。下面以古筝为例，解读中华水文化在古筝音乐艺术中的哲学表现与意象。

一、古琴艺术中的水文化研究价值

古琴艺术承载着中国传统文化的精华，是中国古人智慧的结晶。他们在古琴艺术之中融入了对生命意义的思考和对自然生生不息精神的体会。而对作为生命之源的水的体悟，又承载着中国人民对美好生活、高洁人格的追求。

对于古琴艺术中的水文化研究是新时代下继承传统文化、丰富水文化视野的必要举措，对于当下更好地研究古琴艺术，建立完善的琴学学科也有着推动作用。

第一，有助于提升古琴艺术创作的精神内涵和艺术品格。古琴艺术有着丰富的精神内涵，水文化精神内涵是其重要的一环，对古琴艺术中水文化相关问题的进一步研究有助于激活古琴生命力，不断提升古琴艺术创作的艺术品格。

第二，有助于古琴艺术的传承和延续。中华传统文化的伟大复兴需要古琴艺术的传承与繁荣，古琴艺术以其深厚、丰富的文化内涵，独特的音乐表现魅力代表着我国传统音乐的文化成就，对整个中国的艺术发展有着重要影响，这其中也包含了古琴艺术中水文化及其内涵。对古琴艺术中水文化相关问题的研究，既保留其世代相传的价值观和审美知识，又在时代变迁中得到不断地丰富与发展。

第三，有助于丰富当下的音乐教育、水文化教育和水情教育。立足于弘扬传统文化的音乐教育自然不能缺少古琴艺术，对于古琴艺术中水文化相关问题的研究，可以丰富古琴艺术教育的内容。同时，目前我国的水文化教育和水情教育正在全国各地有序展开，从学科教育到实践教育都取得了很大成就，如果能在水文化教育和水情教育中将古琴艺术的水文化内涵融入其中，无疑可以丰富其教育内容，拓宽其教育视野，增加其教育感染力。

二、中华水文化在古琴音乐艺术中的哲学表现

古琴在中国博大精深的传统文化历史中不仅是物质的存在，更多被赋予了深刻的文化内涵。古琴艺术中的水哲学，寄托了中华民族更多的情感意义，具有强烈的审美价值。

水以自身无形又有形的特殊形态，在古琴艺术的发展中被不断地赋予深刻的哲学意蕴，从而成为一种特殊的意象，有了独特的审美意义和精神属性。

古琴艺术与中国传统儒家、道家、佛家联系紧密，一方面，古琴文化融合了三教哲学，三教哲学为古琴音乐的发展带来了灵感；另一方面，由于古琴乐器这一深厚的人文积淀，使得其特殊的精神内涵又充实和丰富了三教文化。诸子们也从古琴以及水意象的特质中取其所需，借水明意，赋予了水以哲学色彩，借此展示各自的理念。从此，琴与水便担负起先哲们的主观情志，通过他们的理想从而表露出有关生态审美和人生价值的哲理哲思。

（一）古琴音乐与中国古代宇宙生成论中的"水"

传说古琴乐器的制造者是伏羲，《警世通言》中也记载伏羲曾将斫琴所用的桐木送长流水中，浸七十二日，然后取良辰吉日请匠人斫成乐器。最早的五弦琴，五根弦分别代表了音律中的宫商角徵羽，又和水火木金土五行，长长的琴弦正是象征了汩汩的流水。在《管子·水地篇》中，水更是被作为万物的本源。作者曰："水，具材也，万物之本原，诸生之宗室也。"管子认为水创生了人类，水孕育了自然万物。这是中国古代哲学中最明确的水生万物的观点。这种哲学观念几乎成为华夏民族一种普遍的民族心理意识，同时也对古琴艺术的发展产生了深刻的影响。

（二）古琴音乐与儒家伦理观念中的"水"

古琴在古代被视为文人得以修身养性和陶冶情操的"乐"，是被儒家认为得以完成人格修养的最终阶段。古琴音乐感悟着儒家人生哲学精神，蓬勃出与水相涵濡，而洋洋徜徉的艺术妙境。古琴音乐的内涵与儒家思想相契合，是儒家礼乐思想的最佳载体。两者都是从个人的道德修养开始，一方面，将琴乐"诚于中"，使君子能够正心立德；另一方面，又将君子之德"形于外"，使之能够教化天下百姓，通过乐和达到人和，最终实现其天下治的社会理想。

（三）古琴音乐与道家自然观念中的"水"

古琴音乐追求超越物质的精神感受，脱离尘世的束缚，回归山水之中寻找内心的宁静，正与道家哲学的精神内涵不谋而合。古琴如水般清幽淡雅的音色特点，表现出道家不受世俗束缚、悠然自得的精神自由和审美态度。

古琴音乐音量较小，声音较之其他乐器略显微弱，但却能表达天地之道。老子思想中"淡兮其无味""太音希声"等观点对古琴音乐的审美也产生重要的影响。古琴音乐作品大多是表现回归自然的人生理想、逍遥自由的生命哲理。古琴音乐"发于性情，由乎自然"，在乐曲形式上不受人为的束缚和限制。如《渔歌》《渔樵问答》《泛沧浪》等古曲都蕴含着弹奏古琴者超绝凡尘的出世思想。正所谓"可以弹素琴，清泠由木性，恬澹随人心"。

水静止清明的状态，古琴音乐反对雕饰，旷达空灵的特点，宁静飘逸的风格，清淡自然的曲风，反映出琴乐在自然中寻找精神纯洁的道家思想。

三、中国古琴作品中的水意象

在中国古琴传统音乐创作中，观水取象是音乐家表达情思的主要手段之一。在古琴艺术中更表现为追求天人合一的境界，因此"水"作为重要的审美意象在古琴艺术中有着丰富的表达。

（一）"水"审美意象在古琴文学作品中的体现

古琴作为"琴棋书画"的首艺，是文人修身养性的圣器。《与古斋琴谱》中有这样的描述："因音以成乐，因音以感情，凡如政事之兴废，人身之祸福，雷风之震飒，风雨之施行，山水之巍峨洋溢，草木之幽芳荣谢，以及鸟兽昆虫之飞鸣翔舞，一切情状，皆可宣之于乐，以传其神而会其意者焉。是以听风听水，可做衣裳；鸡唱鸣啼，都成曲调。琴具十二音律之全，三准备清浊之应，抑扬高下，尤足传其事物之微妙。故奏其曲，更能感人心而动物情也。"古琴不仅传情以达志，还能借情以言行。

琴人更是以灵敏的内心感知着自然，以此寄托自己的喜怒哀乐和思想情感。古人热爱自然，向往自然，崇尚人与自然和谐相处，因此寄情山水，把山水意象融入古琴艺术之中，将人与自然通过古琴这个桥梁相互连通，使人获得水之自然属性，也为水赋予了人之精神。

第一，以水悟德：古琴艺术中的"水德"意象。在中国古琴音乐不断发展的过程中，文人对于古琴的审美也被儒家的主流思想所影响。因此，在古琴音乐艺术中，十分重视对于人的"德教"作用的。

第二，以水抒情：古琴艺术中的"水情"意象。古琴艺术的最高境界，正是人与自然以及宇宙万物之间高度和谐交融的艺术形式。在古琴音乐艺术中，无处不体现着审美者对于美的追求，琴者正是通过古琴这个媒介，来抒发自身内心的情感。如唐代诗人李白用四种具体事物来表现琴音的孤高：像大片松林被风吹拂；似孤单哀怨不停长吟；像失职迁客泪流沾襟；似小溪流水叮咚成音。琴曲表现出来的感染力令人叹服，而琴曲中抒发的思想情志也使人赞叹。他在诗中抒发了自己的苦闷之情，然后借幽咽的琴声来传达，琴声如幽涧中潺潺流淌的泉水，在深林中鸣荡不已。

第三，以水思理：古琴艺术中的"水智"意象。古人认为音乐皆由人心而生，是人之本性的自然流露。在琴乐的实践中，古琴美学提出"移情"的观念，使人在潜移默化中实现自我生命认知的提升。审美主体感受到自然的生命力，由外物的感召，心绪随季节、物色的变化而变化。自然景物影响着审美主体的情感，情与景互相交融，一起流通。人与自然紧密相连，人的心绪受到自然事物的感发，与自然水乳相融。当情感与外物融合无间时，人与自然天地便同呼吸，同命运，从中得到智慧的启发。

（二）"水"审美意象在古琴琴曲作品中的体现

在漫长的历史长河中，中国古人向往自然，爱好自然，渴望归隐自然，将自然作为自己的崇高理想和生命价值的寄托所在。在众多的古琴曲目中，就有很多有关水的名曲。

第一，《潇湘水云》。该古琴曲是南宋浙派琴家郭沔创作而成，琴曲《潇湘水云》共分为十段落，每个段落均以水为基本意象，即：洞庭烟雨、江汉舒清、天光云影、水接天隅、浪卷云飞、风起云涌、水天一碧、寒江月冷、万里澄波、影涵万象。通过段落名称不难看出《潇湘水云》这首乐曲以"水"为主题，虽然每一段落在表达风格上有所不同，但连贯起来仍然是动静结合、跌宕起伏的完整画卷，深刻表达了创作者内心的情感。整首曲子情景交融，寓意深刻。作者利用古琴特有的吟、揉手法，成功地表现了云水奔腾、烟波浩渺的景色。琴者独特的心灵世界与自然融为一体，深刻揭示了作者抑郁、忧虑的内心世界。

第二，《石上流泉》。琴谱初见于明代《琴谱正传》，相传为伯牙所作，曲调舒畅，借泉动石静，描绘了巨石嶙峋，山泉汩汩，枕石漱流的美好意境。琴者寄情山水，在巨石和泉水之间，形成了这样的对比：一动一静、一虚一实，刚柔相济，方圆结合，仁与智的相辅相成，道出大自然的智慧与山水之景色，表达出自己对自然山水的情怀和人生哲理的感悟。

第三，《流水》。《流水》是中国最有名，也是最古老的古琴曲之一，曲谱最早见于朱权的《神奇秘谱》。随琴声缓缓奏起，在泛音、滚、拂、绰、注、上、下等指法的运用下，乐曲生动地表现了流水的各种动态：有淙淙的山泉、潺潺的小溪、奔腾的江水。《流水》一曲，用真挚的感情，歌颂了大自然的美好，仿佛是中国水墨画中的山水长卷，琴声与山水融为一体。

总之，古琴艺术作为中国最古老的弹拨乐器，具有极其深远的历史，更是中国传统音乐文化最杰出的精神代表。中国古琴音乐从古至今的发展也正如"水"一般，有着自身的传统和命运。中国古琴艺术中蕴含着丰富的水文化内容，与中国传统农业的自然观密切相关。人们对于"水"的崇拜，使得古琴从创制到通体造型都蕴含了水文化。

第五节　中华水文化与茶文化的哲学表现

一、茶文化的发展历史

（一）茶文化的诞生

中国是茶的故乡，我们能够对其追溯至远古神农时期。中国茶叶的文化萌动应该开始于汉代，逐渐从药用阶段、食用阶段发展到饮用为主的时代，而随着人们对茶叶认识的深入，饮茶在人们生活中角色的加重，茶叶也逐渐被赋予各种文化内涵，逐步进入人们的研究视野。

汉代，司马相如《凡将篇》在列举茶，即"荈诧"时还同时列举了桔梗、芍药、贝母、甘草、肉桂等，而这些植物大多可以入药，稍后的扬雄《方言》说"蜀西南人谓茶曰谊"，与之并称"渊云"的王褒在《僮约》中记录了王子渊对于户奴便了的诸般役使，其中两项便是，"烹茶尽具""武阳买茶"。司马相如、扬雄、王褒均是蜀地人，说明西汉时蜀地茶叶已经进入饮用阶段，饮茶已经比较普及，并已初步进入流通领域。

魏晋时期人们已饮用饼茶，有一套成熟的制作饮用方法，其中的煮茶、烤茶以及加上葱、姜、橘子调味，已和唐代的饮茶方式没有多大区别。总之，魏晋南北朝时，除了单纯的药用功能，茶还有了社会功能、文化功能，不仅是养德之物，对于羽化登仙也具有重要作用，说明人们对茶的认识逐渐深化，饮茶逐渐普遍，茶逐渐上升至精神层面。这对于饮茶为人们广泛接受，在全国范围内发展茶文化理应有着重要影响。

（二）茶文化的繁荣

唐代，饮茶蔓延到全国范围，流行于各阶层，传播到诸多地区、诸多民族，使药用功能进入人们视野的茶上升至精神层面，奠定了茶成为"国饮"的基石，中国茶文化初步定型。唐人对茶的认识比起前代深入了一步，在他们的眼中，茶具有十大功效：① "茶与醍醐、甘露抗衡"，可疏通经络，解热去毒；②茶能醒酒、断酒；③茶能解饥渴；④茶可以消夏去暑；⑤茶能驱睡魔；⑥茶可解烦恼；⑦茶能去腻膻；⑧茶能去病；⑨茶能延年益寿；⑩茶能去邪扶正。唐代是茶文化发展史上的关键时期，不仅是因为这一时期饮茶蔓延到全国范围，兴盛于各地区、各民族，茶的各种文化意蕴基本定型，更因为在唐代出现了第一部茶文化理论著作《茶经》①。

经历了唐朝，宋朝的茶文化开始走向了繁荣。在唐朝制茶工艺以及煮茶手法的基础上宋朝进行了创新与传承。无论是团饼茶的制作工艺还是贡茶制作工艺的发展，都是宋朝茶文化繁荣的体现。贡茶中蕴含的礼仪，被大众所接受，从而丰富了宋朝茶文化的内涵。除此之外，斗茶、分茶也是宋朝茶文化的特色，用比赛的形式来品鉴茶叶的品质，用表演的方式来展现倒茶技艺，至今影响深远。

"茶兴于唐，盛于宋"，继晚唐五代饮茶普及之后，宋代饮茶之风进一步吹向社会各个阶层，尤其是下层平民之中，茶成为人们日常生活中不可或缺的东西。宋代，不仅饮茶之风继续向边疆传播，文化意义上的茶也开始传入边疆少数民族之中。

元代，茶渗入社会生活的诸多方面，茶的文化意蕴也体现于社会生活的许多方面，印证着中华文化的多样性。除了具体的饮茶行为及与茶叶实体相关的方面外，元代的茶更是作为一个符号影响着各族人民生活，当时出现了诸多以"茶"字命名的事项。元代饮茶之风，也出现了许多新气象。茶艺由唐宋的烦琐精致走向简约，走向日常，走向俗化，更多地与人民生活、民风、家礼联系起来；茶的制造和种类也出现新趋势，散茶战胜唐宋以来精美的团茶广为流行，清饮和"煎茶"正日益增多；国内外许多民族的饮食文化都被吸收进元代茶文化，一定意义上元代茶的内涵与外延均有所扩展；禅道因素，尤其是道家因素在茶文化中的影响增大，元代茶文化精神趋向于自然。

---

① 《茶经》为唐代陆羽所著，是中国茶文化史上的第一座理论高峰，茶的文化研究的第一部真正的理论总结。它总结中唐之前关于种茶、制茶、煮茶、饮茶等的经验、方法以及与茶相关的历史、人物、事件等，标志着唐代茶文化发展的成熟，唐代饮茶的普遍化、规范化、高雅化，也意味着中国茶文化的初步定型，对于后世茶文化发展及茶文化研究均有着重要影响。

（三）茶文化的全面发展

1. 明代

到了明清时期，经历一系列政治改革后，茶文化迎来鼎盛发展时期。明代时期，中国民间的制茶技艺日益成熟起来，在明中后时期逐渐开始形成以炒青茶为主的茶文化发展格局，茶叶类型也逐渐开始趋向于多样化发展，这也打破了当时市场单一化的茶叶类型售卖情况。精妙的茶艺技术结合精美的烹茶工具，将中国茶文化艺术内涵体现得淋漓尽致，为后期的茶文化发展奠定坚实的基础。

明代开国皇帝朱元璋主张与民休息，建立明朝之初即诏罢团饼，"唯令采芽茶以进"这种风尚影响于朝野，自此饮茶之风为之一变。不过，至其子朱权《茶谱》问世方真正开启了千古清饮之风。朱权以闲避嫌，以茶明志，因而其将大量的时间与精力花费在品饮上，"取烹茶之法，末茶之具，崇新改易，自成一家"他大胆改革传统的品饮方法和器具，形成了一套简单易行的烹饮方法，开清饮风气之先，摆脱了延续千余年之久的烦琐程序，以具有时代特色的方式享受饮茶的乐趣。朱权是中国古代倡导清饮法的第一人，是使"清饮法"占据主导地位并延续至今——这一划时代事件的主导者。

明代文人饮茶强调的天、地、人融通一体，超越尘世，顺应了明代中期以后心学炽盛、三教合流，平淡、质朴、自然、端庄等精神流行的趋势。而多种雅士、雅事的集合，也使得明清茶文化成为集哲学、史学、美学、文艺学以及音乐舞蹈、琴棋书画于一体的庞大而深广的文化体系。

求真求美的文人饮茶风尚显然是与社会相脱节的，因为散茶的普遍与清饮的流行，饮茶消费降低，明清茶饮也更加深入民间。明代茶馆比宋代更为典雅，文人雅士也常流连茶馆，清代则是古代茶馆发展的鼎盛期，各地区各种类型的茶馆遍布各地，各阶层、各种职业的人们都会在茶馆落脚，茶馆已经成为人们交流、娱乐、休息的主要场所之一。同时，因为清朝宫廷饮茶把简化的方式和严格的茶规融合在一起，茶的礼仪色彩更加浓重，而这也深刻影响着民间的饮茶规范与茶饮志趣。

2. 清代

清代，多有文人仿照陆羽《茶经》体例接续后世茶事、茶叶、茶法、茶叶产地等，搜集了许多好资料，而且不同于明代喻政等人的荟萃茶书，清人则是汇编茶书。其中，清人陆廷灿熟知武夷茶事，且因自唐以来产茶之地、制茶之法多变，器具古今不同，因此仿陆羽《茶经》体例，将自己多年积累的从唐、宋、元、明直到清代的有关资料，摘要编辑成册，撰成《续茶经》。该书收罗宏富，并有考辨，是清代最大的一部茶书。清代文人开始关注茶的历史意义、社会主义，特别是经济价值，如蔡方炳的《历代茶榷志》、鲍承荫的《茶马政要》，两书从书名上即不难看出是关于茶叶贸易、茶税茶课的资料专辑，胡秉枢的《茶务佥载》更是开创我国古代或传统茶学向近代、务实方向发展的先河。

清代茶书不满足于种植之法、用水、品茗环境等的经验总结与创造，而长于汇编历代茶书资料，关注茶叶的实用价值，一方面可见清人的务实之风，另一方面似可推断，此时清人关于茶也有了朦胧的学科或专科意识。《历代茶榷志》《茶马政要》及《茶务佥载》是从经济、贸易的角度来看待茶叶，已叙；而更值得注意的是，虽然前朝不乏以"经"或"录"等为名，介绍一段时期或一个地方茶叶历史的著作，但是真正以"史"为名，汇编整理自茶之始至清代以来历朝文书典籍中关于茶的内容，包括茶的历史、茶事、茶诗文、文人史家关于茶的记载等各方面，至少目前却是尚在清代才出现的，这就是清人刘源长的《茶史》及余怀的《茶史补》，俨然是以撰史的眼光来看待自己的著作。这似乎预示着，从清代开始，国内的研究者已经开始思考茶研究或茶文献的学科属性，尽管直到20世纪30年代才有茶学科的设立，而"茶文化""茶文化学"等概念的出现则要到八九十年代了。也正因为如此，现当代的茶文化、茶文化研究呈现出不同的色彩，下文会有详述。

（四）茶文化的现代化发展

"茶文化是我国文化体系的主要构成部分，蕴藏了深刻的文化内涵、教育思想与艺术品格。"[①] 在不断深入人类生活的过程中，饮茶之风不断地与人们生活相关联，不断地融入社会，逐渐成为一种文化现象、社会现象。各个时期茶文化发展概况、茶文化精神，中华茶文化发展的历史进程及线索，不同时期茶文化发展的特点及存在问题，全国各地域、各民族茶文化发展状况、特点，茶在各地区、各民族、各阶层之间的传播与流通，以及其他相关问题，这些应该属于茶文化或茶学研究的主要潮流。

茶从野生植物进入人们的视野，最初甚或现在依凭的主要就是茶叶的药用价值，人们赞颂茶能涤烦、除睡魔、消腥膻、减肥、解饥渴、消夏去暑、清热解毒、醒酒、断酒、去病、延年益寿、去邪扶正……这在众多的茶诗、茶词、茶文、茶书中都可以看到。随着健康的饮食生活成为世界人民的追求，茶也因为自身的多种饮用价值成为世界人民标榜的健康植物，适用于饮食、医疗、保健、服饰等多个领域。因此，我们应该关注自茶叶出现的

---

① 刘燕，孙小南，主清华.计算机网络对茶文化信息资源共享的作用及实践探析 [J].福建茶叶，2021，43（02）：14-15.

最初时期——神农时代，至茶已经成为"国饮"的现代，茶在人类饮食史上的演进历程、地位及其深层文化意义。

在漫长的茶文化发展史中，随着人们对茶的个性与特质的了解逐渐加深，除最初的药用功能和解渴之效外，茶也逐渐被赋予各种美好的文化意蕴与精神色彩，不仅承载着人们的喜怒哀乐，寄托着人们的心愿，也折射出人们的审美追求与理想目标，成为被人们赋予文化象征意义而用于祈福纳吉的主要吉祥食物之一。

饮茶的风行与普及由文人上层社会推进，文人上层社会因为茶的文化内涵而对其倍为推崇，赋予茶以高洁、雅致、清白、可爱、高德等诸多意象。由此可以看出，纷繁多彩的茶艺以及内涵深刻的茶道思想是历代茶文化的精神核心与重要组成部分，其不仅反映了当时社会的思想追求，也反映了当时人民的生活状况，是社会生活研究和茶文化研究体系不可缺少的部分。

经过数千年的沉积，中国茶文化已经是包括多民族、多层次、多地域的文化整合系统，蕴含着丰富的文化信息。因此，茶文化典籍、资料不仅是我们解码茶文化信息的基础，也是我们建构茶文化研究体系的重要组成部分。这些文献资料如实记载了中国茶文化发展的前进步履，全面传递了中国古代茶文化的精神气息，曲折地映现出时代的式微兴盛与社会的朦胧身影。挖掘这些资料，我们可以解码很多的文化信息，如果再结合现代的茶文化资料，我们将不仅能够揭示新时代茶文化发展的新规律、新现象，也能够找到现代茶文化研究新的突破口。

二、中华水文化与茶文化的融合实践发展

下面以重庆茶文化与巴渝水文化为例，探析中华水文化与茶文化的融合实践发展。重庆茶文化作为地域性茶文化，造就了极具特殊性的地域文化和民族文化。在重庆地区，除了茶文化外，还有着成熟而完善的水文化——巴渝水文化，是巴渝地区的重要文化内涵，是长江的流经地区，也是长江航运中，极具优势的地区。所以，巴渝人常用水、擅用水，而这里当之无愧地形成了浓厚的水文化体系。

在当前传统文化应用价值日益成熟与完善的今天，重庆茶文化的价值内涵日益丰富。因此，在当前我们应用重庆茶文化、感知重庆茶文化时，必须注重选择合适的文化元素融入机制和应用体系，特别是从传统文化机制中，选择合适的素材内容进行具体而合理的改造，使得重庆茶文化在今天仍然能够实现其应用价值。巴渝地区地理位置特殊，区域内资源要素也极为丰富，尤其是水资源更是充满优势。因此，认知水文化资源，并且探究水文化的内涵，同时尝试将茶文化与水文化相结合，从而实现两种文化的融入发展与深度提升。

在构建重庆茶文化与巴渝水文化的具体结合机制时，要注重立足生态文化诉求的一致点，通过将两种文化的表现形式和特点相结合，从而打造满足社会大众，广泛关注的文化体系。尤其是要通过打造文化传播阵地，进而让社会大众能够在真切感知过程中去品读两种文化。当然，要想有效提升两种文化的传播效果和实际影响力，也需要结合当前整个时代发展的特点，以及对文化理念元素的认知和应用状况进行合理化改造。

第六节　中华水文化在建筑艺术中的哲学表现

中国传统园林是中国古代劳动人民智慧和力量的结晶，蕴含着高超的技术水平和不朽的艺术价值，是中国传统建筑艺术中造诣最高的门类。中国传统园林艺术创造的渊源是来自中国人内心深处与自然融为一体的"天人合一"的原始初念和宇宙意识，同时也是来源于农耕民族在生产生活中所累积形成的对自然环境的依恋和热爱之情，创造出可居住可游玩的建筑空间。

一、建筑艺术中水的作用

在中国传统园林中，水体的规划布局关乎整个园林呈现的空间效果，影响着其他景观要素的分配以及建筑空间的布局。中国传统园林在造园布局的原则和艺术手法上，许多都是借鉴了山水画的构图手法。中国山水画始于历史的南北朝时期，最初的产生是为宗教服务的，经过不断的演变直至宗炳时期才成为独立的以风景题材为主的绘画形式。中国山水画与传统园林的共同点是都以自然山水为表现主题，水体是它们不可或缺的组成部分，而建筑物主要起到点缀整体空间的作用。

中国山水画的发展对传统园林的造园艺术产生了极其重要的影响，特别是在空间布局上，中国古代山水画的构图章法又可以称之为"经营位置"，要求山水画在山水元素的布局上体现"可望、可行、可游、可居"的空间意境，例如山水画中散点透视的原则，应用在中国传统园林中表现为步移景异的造园手法原则，体现了时间与空间相结合的独特魅力。

（一）水串联了建筑空间

在中国传统园林中，一般利用线状水体的连续性和流动性，将各个相对独立的建筑空间串联起来营造整体的空间氛围，使建筑空间相互渗透和过渡，创造出不同风格的富有节奏的建筑空间序列，相比简单的地面和建筑墙体更能增添建筑空间的层次感，设计手法更为自然，线状水体与面状水体的综合使用，使线状水体连接面状水体，串联各个相应的建筑空间，例如瞻园的精妙堂，其南北两侧各设小池，并且两池之间通过西侧的细流相连，使得前后开敞的建筑空间相互贯通，整体空间由此变得有收有放。

在水体周边构筑不同功能的建筑物，在满足使用功能的前提下，使建筑成为水景观的节点，同时水体串联了建筑空间，使得整体景观更加协调统一，游赏者是建筑空间中赏景的主体，同时又是对景建筑空间中被观赏的客体。水成为串联建筑空间秩序的纽带，连接不同的景观空间。例如北京颐和园万寿山后的后溪河，就是运用水体将各个建筑空间串联为一个整体的空间氛围。

（二）水分隔了建筑空间

在中国传统园林中，水既可以连接建筑空间，也成为切割空间的隔离体。在中国古代，人们就已经擅长运用水体作为分隔空间的隔离体，例如古代的护城河，就是利用水体的这一布局特点，起到防敌御城的功能作用。在人的能力范围无法逾越水的尺度的情况下，水则在建筑空间中化身为空间的分隔媒介，其分隔作用有别于实体的墙，是柔软的分隔方式，这是由于水在空间中既可以保持其流动的物理状态，同时又能够划分空间的界限，在建筑空间的设计中，充分利用水的这一特性，可以灵活的限定出不同的建筑空间，呈现分而不离的空间效果。利用水体分隔的最大特点是隔而不断，水体虽然划分了空间，但是视线上仍然保持连续。大面积的水体分隔能产生宽阔的空间感，无论从建筑室内望向室外，还是从室外欣赏建筑，水体的隔离增加了视觉的层次感，成为建筑空间向外部环境空间过渡的媒介。

水面通过对建筑物空间的分隔，造成水势幽深含蓄的视觉效果，从而使得水景的意趣不断延伸。

（三）水烘托了建筑空间意境

中国传统园林的意境是由情与景、神同物相互交织共同构建的空间意识形态，是通过客观具象的物体表达抽象的空间环境，从而引发人的情感上的升华并与物象达到精神的共鸣。或者说，园林空间的意境即是以物传神、以形表意，在客观的景物中灌输人格灵魂。

中国传统园林内开凿的各种水体都是自然界中的河流、湖泊、溪涧、泉瀑等的艺术概括。传统的人工理水追求"虽由人作，宛自天开"，哪怕再小的水面也要曲折有致，同时通过山石点缀池岸，有时还故意设计出一湾水口，以显示源流源远流长人不可穷尽之感，在有限的空间内表现出自然水景的全貌，烘托"一勺则江湖万里"的意境。

中国传统园林无论是皇家园林还是私家园林，都推崇自然之美，但在园林建筑空间意境的处理略有差别，北方皇家园林中的建筑景致多强调皇家权威和气魄，景致意境中侧重于表达皇权、礼制及宗教等。建筑形象稳重、敦实，园中水池面积普遍较小，例如现今的北海公园、恭王府等；而南方私家园林可利用的河流湖泊较多，石材资源丰富，受文人士大夫的影响，书卷气息浓郁，但由于园主人的经济条件有限和可以用来造园的面积有限，所以南方园林多呈盆景式园林，例如留园、拙政园等，园中的景致意境极具自然情趣，意境多近山水画。

（四）水统一建筑空间风格

水体作为联系各个建筑空间的重要元素，可将其周围的建筑物、绿植、山石等各要素有机地统一起来成为一个整体。大面积的水与建筑的结合，能够使建筑的不同平面与质感，同它们的基地环境和谐统一。当水面位于建筑物与地面的交接处时，可以协调缓和建筑物纵向立面与横向地面之间的关系，从而更好地统一园林中的景观风格。

水体的空间塑造效果与其周围建筑要素的形态和风格密切相关，由于水体能倒映周围的建筑，因此，水体与建筑组合的空间往往是由建筑要素、水体以及水面倒影所共同组合而成的构图，水体的表现风格很大程度受围合水体的建筑风格影响。此外，水体的风格，还与水池池体砌筑的方式，与其搭配的小品雕塑等风格息息相关。中国园林中的水体，多与自然山石、草木搭配，水体边缘多为自由曲线，具有自然清新的风格，而欧洲古典建筑外部的水体，边缘一般为对称几何形，多与西施雕塑，喷泉等小品搭配，也形成自己独特的欧式风格。

宁静水面形成的倒影呈现的是周围环境的色彩，当环境中的建筑倒映在水面上时，形成了一个"虚面"，在视觉上增加了一个层次，使建筑获得一种特殊的效果。水面的"柔"衬托了建筑的"刚"，刚柔相济方显相得益彰。

水体是使内外空间互为融合的一种重要媒介。水体诸如引导、连接、分隔等这些手法在建筑空间设计中，往往都不是独立运用的，而是综合集中手法共同运用，以达到更为丰富灵活的空间效果。

二、建筑艺术中水的意境

水之所以在园林中占有如此重要的地位，不仅因为它是生命之源，也是因为它是中华民族一种深层文化的象征，运用在园林艺术中，有着深厚的文化内涵。

第一，水虽然无形无色却能反映出形形色色的景物。我国古代哲学认为"虚"是哲学的最高境界，虚则无，水正是"虚"的象征。水如明镜一般，清澈无瑕，将周边的建筑、花草、山石等映衬其中，虚而不空，无所胜有。此外，从澄澈清明的水中我们还能看到其中的鱼虾，水面的莲花，让人们的视线无限延伸，产生了园林意境，真正做到"无为而无不为"。

第二，水简单却变幻莫测。水有多种形态，如瀑布、溪流、涌泉、江河等，它可以根据园林设计者的需要，变换自己的形态；随着周围地形的变化，变换自己的走向。它既可以是平静宁和的，也可以是奔涌澎湃的。水的因势利导、因地制宜的特性造就了千姿百态的园林水景。

第三，水惠及万物却谦和处下。在许多园林中，水都是处于从属地位的，许多建筑才是中心。为了突出建筑的位置，大多是将其架空，水从下方流出，或将水阻流，使其环绕亭榭。在水面开阔的地方也多以树木、花草将其掩映。

第四，水虽柔弱却能以柔克刚，水滴石穿即是重要表现。古典园林中常置太湖石，太湖石之美就是水经长年累月雕琢而成的。

总之，水是园林中最富有生气的因素，古典园林无水则不活。无论在哪一种园林风格中，水都有不可替代的作用。人们只有看到水，才会真正体会到园林之美。有了水，园林就有了生机，其意境就得到了更完整的展现。园不在大，有水则灵。水是古典园林的灵魂。

三、水文化与建筑艺术的结合规律

（一）中国传统园林中建筑与水的比例关系分析

中国传统园林主张在有限的空间范围内创造出无限的空间感，因而园林建筑和水元素需要有一个相对合理的规模和比例关系。在中国传统园林中理水的基本原理是复杂的，同时也要求其所达到的景观效果与水体周边建筑物等景观元素相互衬托。

中国传统园林中水体与其周围的园林建筑之间的尺度规模和风格关系尤为重要。在水域面积较小的园林中，如果置于其周围的建筑物体量太大，将会对水域形成压迫之感，造成局促的园林水景观的效果，因此丧失了水体在园林中营造的"湖""海"之感。

（二）中国传统园林中水的布局形态与建筑空间环境的关系分析

中国传统园林的布局和形态，取决于水源的状况。园中各种水体的形式都是对自然山水的提炼、浓缩和再现，重在表现水体所传达出来的艺术特征与精神含义，无关乎水体的体量是否与真实存在的相等，目的是追求以小见大，神似而非形似的园林空间。

1. 点状的水及其功能分析

点的基本状态是静态、集中式的。将点置于某一空间环境中，其具有静止的空间稳定感，同时限定着它所存在的领域范围，另外，点具有标志性，当其位于重要的空间位置时，点将成为视觉的焦点，起到引导人的视线的作用。当水体以点状的形态存在于建筑空间时，它一般是视觉的焦点，在空间中起到强调、暗示、转折或者中心点的作用。

在中国传统园林中，点状水体的表现形态分为泉瀑与水池两种，而点状水体中的水池，多为人工挖掘，水池的形态大部分被设计为仿造自然的不规则式，少数呈规则式，造园者在水池的周围建造建筑物，构成水院的空间格局。由于点状水体相对体量较小，同人具有较强的互动性，因而，容易引起人们对自然的共鸣，在园林建筑空间中还起到协调不同形式空间的作用。在满足功能需求的前提下，强调不同的空间属性，或突出建筑的形体，或表达某种意境。例如无锡惠山第二泉中前后布置的两个小池，前面的小池规整有序，与后面自由曲折的小池形成了鲜明的对比，但都能融入整个园林空间环境中，协调并活跃了整体环境的氛围。

2. 线状的水及其功能分析

从线的概念出发，线可以界定面的范围，无论何种形式的线，都具有运动生长的视觉效果，线状的水体富有强烈的方向指向性，通过这种特性引导空间的手法相对墙体更为柔和自然，线状的水体运用在建筑空间时，通常起到包围、连接和暗示空间的功能，对其本身形体的塑造方式并不多，在中国传统园林中多为自然的水体形式，诸如河流、小溪等。线状水体可以组织园林景观，贯通其他不同的空间形态，扩大建筑空间效果，水岸旁再配以建筑植物，营造出变幻莫测的景观空间，加强了建筑空间与水景小中见大、蜿蜒无尽的景观效果，是中国传统园林中联系建筑空间常用的手段。

线状水体一般以溪涧的形式出现，其长宽比例差别较大，水面在空间形态上向两个方向背向延伸，曲折迂回，具有源远流长不可穷其源的表现特征，同时可以衬托出园林空间中幽静闲适、自然的环境氛围。

3. 面状的水及其功能分析

从面的概念出发，面基本分为圆形和方形两种几何形态，同时，通过他们的分割或重组，又可以组合成大量的不规则的几何形态。面状的水体具有一定的水域面积，其外轮廓线决定着水体的表现形态，面状水体在园林建筑空间中主要有背景烘托、联系统一建筑与景观、过渡建筑空间的作用。例如北京颐和园的昆明湖和北海水面，给人一望无垠的感觉。

总之，在中国传统园林中，点状、线状以及面状的水体通常被综合运用，各水体相互之间既独立又相关联，通过不断的组合分割，共同营造园林中建筑的空间环境。例如在布设瀑布时，其下方一般为深潭。

（三）中国传统园林中建筑与水的空间形态关系分析

中国传统园林在规划园林建筑与水的空间布局关系时，都会综合考虑水与建筑空间特性的和谐统一，突出强化建筑特色的同时，又要协调建筑空间与整体场所的关系，使其与整体的空间环境形成合理的过渡。

1. 建筑空间与水的围合环绕式关系分析

中国传统园林中建筑与水的围合环绕式关系大体分为两种方式：

（1）水体围合并环绕着建筑，使建筑置于水面之上，营造出空旷的空间氛围，突出建筑整体特色，这种做法在古代秦、西汉、唐时期早已出现，古人引水为池，例如汉代时期宫苑中的太液池中设山，山上布置建筑物。大面积水体围合并环绕着建筑的空间布局，最典型的例子是顾和园内的昆明湖与万寿山的空间布局；又如承德避暑山庄内的水道，水体被引入园林，首先构筑为大面积的水域"半月湖"，之后流经长河被分为两条支流，支流之间设置长岛，随后又形成多个大小不一的湖面，整体呈现出水体围合环绕建筑的空间布局。

（2）建筑围合并环绕着水体的空间布局，通常表现为庭院内的水体空间，当构筑物将水体围合起来的时候，形成相对外部空间封闭而对内部空间敞开的景观环境，侧重于满足内部空间的功能需求。比如在中国传统园林的小园中，通常采用建筑围合中心水池的布局，从而形成一种内聚的空间布局，整体具有强烈的封闭感，造园者通过运用水体来打破这种封闭之感，使得水体成为人们视觉的中心，尤其是在面积较小的庭院中，水体的运用可以渲染环境空间的气氛，在有限的空间氛围内产生开阔明朗的景观效果。

总之，无论是水空间围合着建筑空间，还是建筑空间围合着水空间，两种空间环境都会带来连续的视觉与空间的互通性。

2. 建筑空间与水的相交式关系分析

中国传统园林中建筑与水的相交式关系，主要是指建筑物与水体之间的穿插，例如临水建筑，如亭、廊、阁、榭等皆前部架空挑出水面，水似乎自其下流出，纵向的建筑空间与横向的水体相结合，以此来突出建筑物的地位，打破岸边的视线局限，营造出轻巧凌空的建筑风格。

3. 建筑空间与水的接触式关系分析

中国传统园林中建筑与水的接触式关系是两者空间关系中最常见的形式，水体靠近建筑物主要的一面，与其他景观要素相结合，并在空间结构上与场所保持一定的秩序性，表达的主题也与建筑保持一致，同时，各个空间都能获得清楚的界定。由于水体与地面在机制上存在本质的区别，同时因为水体的物理属性决定其与建筑物的接触方式必定是下沉式的，因此，水体与地面分隔建筑空间的效果也是大相径庭。

建筑物与水体之间的接触式关系所呈现的视觉空间效果，取决于联系它们有分隔它们的分隔体的属性。例如清朝时期，在住宅中引入活水，是要经皇帝特批的，恭亲王府是少有的几个享此殊荣的王府之一，恭王府内"处处见水"，环绕湖心亭的水，是从玉泉湖引进来的，而且只内入不外流，符合风水学以水为财的说法。湖心亭位于湖水中心，面状的湖水将亭式建筑围合，造园者运用石阶托举木结构的亭使之成为一个整体的建筑物，湖心亭与水体的接触式结合，营造出建筑浮于水面的视觉景观效果，仿佛建筑是从湖中生长出来的一样，达到了建筑空间与自然的完美结合。

第五章　生态文明思想下的中华水文化发展

第一节　中华水文化的生态滋养

一、水文化养人

水是流动的经济，水与经济互动发展是水文化最古老的话题。水为经济建设服务，与经济互动是水的作用最大限度发挥的一个过程。因此，水与经济最密切。水与经济互动发展所产生的文化，就一直贯穿着水的历史。但在这个古老的话题中依然为现代水文化提供了广阔的话语前景。如水与现代经济互动的新模式、经验和教训；水与经济相互促进的发展过程中经济增值所带来的文化的增值；水与现代经济互动发展过程中对一个区域的自然环境和人文环境所产生的作用和影响等，都需要现代水文化以开放性的思维予以关照和总结。

（一）水是流动的文化也是流动的经济

现代水文化对这两点之间的关系，必须以循环的文化思维来审视。水与经济互动的文化，一方面不仅是水为社会所带来的经济效益，水通过经济的枢纽流淌成文化的内容；另一方面，是现代经济发展对水利事业发展所起到的促进作用也是水文化研究的内容。具体说，就是社会的群体或是个人通过水产生的经济效益后，而产生了新的对水的投资欲望、情绪等思维活动。

如我国改革开放以来依托水而发展的旅游经济，就是现代水文化最显著的延伸。如都江堰、三峡以及全国各地的海滨度假村、海洋旅游都深度开发了水与经济的互动，形成了以水为主要载体的旅游经济，都已成为现代水文化的结晶。

（二）水与经济的互动体现在社会的各个层面

有创造的地方就有文化，水与经济互动发展产生的文化，增强了社会的凝聚力，构成了水文化的横向逻辑关系，支撑了这种文化的不断发展。因为，社会繁荣与发展离不开人通过水展开的个体智慧和集体创造。水与经济互动发展所增强的社会凝聚力是当代水文化走向纵深发展的路径。

城市水系是一种公共资源，水的质量在城市环境中占据着显著的位置。我国在西部干旱贫困地区实施的雨水积蓄利用工程，是将民间历史上零散利用天然水的方式改造提升，以政府、部门、个人联合投资的形式，广泛推广，成为世纪之交西部贫困山区一大特色水利工程，成为改变当地贫困最迅速的途径。雨水积蓄利用工程的冲击力，也当之无愧地给西部干旱地区的社会和谐带来了最基础的支撑。

水与经济的互动所产生的文化在当代文化长河中越来越显出旺盛的生命力，影响了整个社会的发展。现代水文化研究急需跟踪关照，总结得失并且提出应用对策，才能指导现代水利事业的发展。

二、水文化育人

（一）文化育人

文化育人，"文"是核心内容，主要指的是人们在实践过程中所创造出来的具有一定意义和价值的思想文化；"化"指的是对人们进行教育引导的具体方法，即教化和启发；"育"指的是通过对受教育者的培养使他们逐渐形成良好的品格，目的是实现人的全面自由发展，这也是思想政治教育的本质特征和根本要求；"人"指的是教育对象，也就是文化所服务的对象。对于文化育人的理解，可以从以下三个方面进行解读：

从文化育人的内容来看，文化育人的内容是符合中国实际的积极、优秀的文化，始终站在时代和历史的前列，实现一脉传承和创新发展；是能够促进大学生健康成长和全面发展的优秀文化。载体意义上的文化，是指思想政治教育者为达到教化人、提升人的目的，作为育人载体而利用的各种文化成果。

从文化育人的方法来看，文化育人主张"通过润物无声式的教育方式不间断地感染人、影响人、教化人"。文化育人的影响是日积月累的，具有隐性特点，与显性教育相比，这既对应文化自身潜移默化、持久深远的特点，又对应思想政治教育隐性育人的特点。

从文化育人的目标来看，文化作为人的智慧结晶和精神财富，对于提升民族凝聚力具有不可替代的作用，育人是它义不容辞的责任和使命。后辈站在前辈的肩膀上才能更好地完成他们的使命，前辈留下的宝贵经验也会因此而焕发出勃勃生机，是推动人类不断发展、进步的强大力量，在社会发展中占据了重要地位。因此，文化育人能够通过转变人们深层次的思想来规范人们的行为模式，帮助大学生坚定文化自信，实现价值认同，其根本目标在于实现对人的教化，培育人们的道德品行。

（二）水文化育人的内涵

第一，水文化是水文化育人的重要内容和载体。水文化作为文化育人的重要内容和载体，可以丰富人们的精神世界，增强文化自信，促进文化交流和融合。通过学习水文化，人们可以更好地了解水的特性、价值、作用和意义，更加科学合理地利用水资源，提高水资源的利用效率。同时，水文化的哲理和人生智慧也可以启迪人们的思想，培养积极向上、开放包容的心态。因此，水文化建设对于推进文化育人工作具有重要的意义。

第二，潜移默"化"是水文化育人的基本方法和手段。坚持古为今用、推陈出新，有鉴别地加以对待，有扬弃地予以继承，努力用中华民族创造的一切精神财富来以文化人、以文育人。文化育人中的"化"字指的是育人的基本手段和方法，同样，水文化育人的基本方法也是"化"人于无形，注重将水文化蕴含的精神等渗透到育人的各个环节之中，引导受教育者在自身学习和工作中接受水文化所蕴含的价值理念，并将水文化理论转化为行动举止，这种育人方式具有很强的感染力，能够充分发挥水文化对教育者的积极引导作用，促进受教育者身心素质的全面提升，从而产生深远持久的影响。

第三，水文化育人的主要对象。水文化育人的对象主要包含三个层次，即学校的师生、在职的水利人以及社会公众。教师作为传播者在水文化育人中发挥着重要作用，他们既是水文化知识的宣讲员也是引导者，其专业素养决定了他们能准确把握水文化内涵和价值取向；学生作为未来水利事业建设与管理的骨干力量，他们不仅是传承和弘扬水文化的主体，更应当成为水文化育人的主要对象。

（三）水文化育人的作用

1. 有利于思想政治教育工作创新

通过以文化人、文化感染等方法转变人的观念，加强人们思想道德素养有水文化育人的特点，而思想政治教育要求找准工作学习中的切入点，注重结合之际捕捉闪光点，及时融入学习、生活和实践，激发自觉进行比较思考，从而达到增强思想觉悟的目的。因此，以水文化为切入点进行思想政治教育，在其中融入群力治水的团结协作精神、主动创造历史的主人翁精神、科学精神与人文精神的融合等，有利于为思想政治教育工作提供了一个全新的视角，能够有效拓宽工作思路，充实工作内容，形式新颖且具有历史厚重感，从而使大学生在主动融入思想政治教育工作的过程中潜移默化地接受水文化的感化、引导和启迪。

2. 有利于为学生提供价值观引领

水文化育人有利于将优秀水文化资源中的乡土情怀、民族精神、文化内涵、精神品格等传递给当代大学生，帮助大学生正确认识个人价值和集体价值之间的关系，帮助大学生提升思想政治水平，潜移默化地影响大学生做人准则和处事方式，从而达到塑造完美的人格的目的。我们通过开展的水文化育人工作，有利于为学生提供价值观引领，培养具有水文化精神特质的、身心健康和德智体美劳全面发展的水利建设复合型人才。

3. 有利于提升校园文化特色

校园文化的主要目的实现文化育人，是一种充满能量的环境力量，校园文化建设以营造良好的学习氛围、陶冶学生的文化情感、提高学生的品德修养为主要目标，对培养有温度和深度且身心健康的大学生有着重要而深远的影响。真善美是水文化的价值取向，具有化人之思想，益人之心灵的特点，体现了一种相对稳定的文化取向和与时俱进的价值追求。通过水文化育人，不仅能够凸显学校的水文化特征，还可以继承和发扬水文化，从而形成独特的学校水文化价值体系，营造充满水文化活力的校园文化氛围。

三、水文化兴人

在现代社会，水已不再仅仅是滋润大地的元素，而是科技与文化的交汇点。现代水利科技已成为水文化的主体，为了更好地探究这一主体的重要性，下面将探讨现代水利科技在现代水文化研究中的关键地位以及其对人类传统思维观念的改变，同时也将强调水利科技的发展水平对整个社会发展速度的制约。

现代水利科技是水文化的主体，它不仅是现代化社会中的基础设施，更是人类文明的象征。在现代社会，水利工程已经不再仅仅是为了灌溉农田、供给城市用水，它还在许多方面发挥着至关重要的作用，如洪水防控、生态保护、水资源管理等。这一切都离不开现代水利科技的支持，例如高效的水泵、自动化灌溉系统、遥感技术等，都为水利工程提供了强大的支持，使得水资源的合理利用和保护成为可能。这些技术的不断发展和应用，使得水利工程变得更加高效、可持续，也为人们提供了更好的水资源保障。

现代水利科技应成为现代水文化研究的重要领域。水文化研究不仅仅是对水的物质性质和利用方式的探讨，更是对人类与水之间的文化关系的深入思考。现代水文化研究不仅关注水的技术性应用，更强调水在社会、文化和心理层面的影响。通过对水文化的研究，我们可以更好地理解人类对水的认知、情感和信仰，以及水在文学、艺术中的象征意义。因此，现代水利科技的发展应该成为现代水文化研究的一个重要领域，帮助我们更好地理解水在人类文明中的角色。

现代水利科技通过解决现实问题，改变人的传统思维观念。传统的水文化往往受限于有限的技术手段，人们对水的认知和利用方式也相对较为局限。然而，现代水利科技的不断进步，已经改变了这一局面。现代水利科技使我们能够更好地理解和预测自然界中的水文变化，从而更有效地应对洪水、干旱和水资源短缺等问题。这些技术的应用不仅提高了水资源的可持续利用率，还改变了人们对水的认知方式。人们开始更加重视水资源的珍贵性，注重环保，追求绿色生活方式。这种改变的思维观念有助于促进社会的可持续发展，使我们更加珍惜水这一宝贵的资源。

水利科技的发展水平，制约着整个社会的发展速度。水是人类社会发展的基础，没有充足的水资源支持，社会的持续发展将受到严重制约。因此，水利科技的发展水平直接关系到整个社会的发展速度。当一个国家或地区拥有先进的水利科技，能够更有效地管理和利用水资源，那么它将在农业、工业、生态环境等方面都具有明显的竞争优势。

总之，现代水利科技在水文化中扮演着重要的角色。它不仅是水文化的主体，更应成为现代水文化研究的重要领域。通过解决现实问题，现代水利科技改变了人的传统思维观念，促进社会的可持续发展。水利科技的发展水平直接制约着整个社会的发展速度。因此，我们应该充分重视现代水利科技的发展，不断推动其创新和应用，以更好地保护和利用水资源，促进社会的可持续发展。水文化兴人，水利科技正是推动这一目标的关键力量。

第二节　中华水文化的生态传承

一、水文化的生态传承意义

（一）为新时代水生态文明建设提供精神动力

水文化源远流长，蕴含了丰富的水利知识、生态智慧和生活哲学。这些传统智慧对于当今的水生态文明建设具有积极的指导意义。通过传承和弘扬水文化，我们可以汲取古代智慧，应对当今世界面临的水资源短缺、水污染等问题。古代水利工程的建设技术、水资源管理的经验，都可以为现代水生态文明的发展提供宝贵的借鉴和启发。此外，水文化中蕴含的生态伦理观念和环保意识也可以为我们树立正确的生态观念，引导人们更加珍惜和保护水资源，推动水生态文明的建设。

（二）提高全社会对于水文化的认知和关注

水文化的传承不仅可以为水生态文明建设提供精神动力，还能够引发全社会对水文化的更深刻认知和更广泛关注。通过文化传承，人们将更容易理解水与生命、文化、历史的紧密联系。这种认知可以激发人们对水资源保护的兴趣，促使更多人积极参与到水生态文明的建设中。此外，水文化的传承也可以推动相关领域的学术研究和文化交流，促进水文化的传播和传扬，为更多人了解和感知水文化创造条件。

（三）利于增强水利系统干部职工的幸福指数

水利系统的干部职工一直是水资源管理和生态保护的重要力量。传承水文化可以为他们提供更为丰富的精神滋养，激发他们更强烈的工作动力。通过深入了解水文化，他们可以更好地理解水资源的重要性，增强对工作的责任感和使命感。此外，水文化的传承也可以为他们提供一种自我认同感，因为他们将自己的工作与古代水利工程、文化传统联系起来，感受到自己在保护水资源和生态环境方面的重要性。这种自我认同感可以提高他们的幸福指数，让他们更加满足于自己的工作。

二、水文化的生态传承实践

（一）山东淮河水生态文化传承路径

水是生态之基，兴水利、除水害是事关人类社会发展进步的一件大事。山东淮河水生态文化作为中华民族水文化的重要组成部分，深刻影响着当地经济社会发展和百姓群众的生活方式。近年来，山东淮河水生态文化建设成绩斐然。因此，山东淮河水生态文化传承创新的现实路径如下：

1. 开展水生态文化宣传教育，培育水文化社会意识

（1）积极发挥山东淮河流域独有的水生态文化优势，树立以人民为中心的工作导向，不断提升人民群众对水生态文化的认知度和关注度。

（2）充分利用电视、报刊等传统媒介和网络新兴自媒体平台，开展富有针对性和实效性的水生态文化宣传活动。

（3）鼓励、支持各类民间行业组织开展淮河水生态文化宣讲、义演活动等。通过加强水生态文明宣传教育，引导公众逐步形成保护淮河水生态文化的社会文明意识。在各行

业、各部门进一步营造"爱水、惜水、护水"的浓厚氛围，推动水生态文化深入人心。

2. 推进山东淮河水生态文化资源开发

进一步挖掘淮河水文化底蕴内涵，传承、保护和利用好流域内独有的各种物质、非物质文化遗产。对具有地域文化价值的水文化元素加以利用，加强对物质形态水文化资源的保护、整修和利用，传承精神形态的水文化资源。

做好山东淮河水生态文化资源基本内涵、核心元素、符号象征的整理工作。大力培育山东淮河水生态文化提升项目，通过杂志、图书、画册等多种文化表现形式，进一步展现当地独有的水生态文化资源禀赋。

3. 创新山东淮河水生态文化资源开发模式

坚持创新引领，搭建各社会团体、各行业和各部门协作开发水文化资源的平台，确立组织架构，抓好顶层设计，做好中长期发展规划，把水生态文化理念融入水生态文明建设的各环节，明确短期和中长期水生态文化开发目标。在总结现有工作经验的基础上，推动水利部门与自然资源、城乡规划等部门的职能整合，建立健全水文化资源开发机制，构建具有淮河流域地域文化特色且具有引导、凝聚、整合功能的水生态文化。

总之，传承弘扬山东淮河水生态文化，是全面贯彻生态文明思想、提升淮河流域水生态文明凝聚力、向心力和影响力的必然要求。做好水生态文化的传承创新，对于加强新时代水生态文明建设、提升人民群众的幸福指数具有积极意义。山东省淮河流域政府、社会和民众要充分抓住淮河经济带实施等重大战略机遇，积极探索山东淮河水生态文化资源开发的新道路和新模式，不断提升发展动能。

（二）钱塘江水文化遗产生态保护

钱塘江治水历史悠久，其水文化遗产以杭州段最为丰富，凝聚了江南水乡独特的气质与灵魂，见证着浙江人民治水智慧和治水精神，是江河演变和区域文化的历史呈现，具有较高的历史、经济、文化价值。水文化遗产是人们在中华民族五千多年除水害、兴水利的实践中所产生的物质财富和精神财富的总和，是一定经济社会关系的产物，是人类治水文明的深刻体现，也是中华民族的文化瑰宝。

杭州作为历史文化名城、创新活力之城、生态文明之都。为了把握好开发和利用的平衡点，传承好浙江治水精神，推进杭州"拥江发展"，构建"山水相融、湖城合璧、拥江枕河、人水相亲"生态宜居的幸福杭州，这是亟待研究的课题。以"钱塘江—富春江—新安江"为主线，风光旖旎，如诗如画，留下了脍炙人口的唐诗宋词。自古以来，钱塘江两岸人民择水而居，在防御水患和开发利用水资源的治水过程中，创造了丰富多彩的水文化遗产。因此，钱塘江水文化遗产具有相当高的历史价值，值得我们去挖掘、研究和传承。钱塘江水文化遗产保护思路如下：

1. 加强水文化遗产精神解码

加强水文化遗产的研究，特别是解码其蕴含的精神实质，将水文化遗产与浙江治水历史相结合，充分挖掘水文化与地域文化的关联，加大钱塘江水文化遗产的传播与教育，加强重要水文化遗产的普及教育，讲好当代水文化故事。

（1）深入挖掘水文化与地域文化之间的紧密联系。水一直以来都是人类文明发展的重要组成部分，它不仅为人们的生活提供了必需的资源，还在文化传承中扮演着重要角色。浙江的治水历史可以被视为水文化的一部分，反映了人们如何与自然力量相互作用，并以水为媒介建立了丰富的文化传统。通过将水文化与地域文化相结合，我们可以更全面地理解水文化的本质，并更好地传承这一遗产。

（2）积极加大钱塘江水文化遗产的传播与教育力度。这可以通过建立水文化博物馆、举办水文化展览和研讨会等方式实现。这样的举措将有助于让更多的人了解水文化的价值和意义，并激发他们对水文化的兴趣。

（3）着重加强对重要水文化遗产的普及教育。这可以通过开设相关课程、出版教育资料、举办水文化活动等途径来实现。通过这些教育举措，我们能够让更多的人参与到水文化的传承和弘扬中，进一步丰富这一文化遗产。

（4）讲好当代水文化故事。这包括了记录和传播现代社会中与水文化相关的故事，如环保行动、水资源管理和社会创新。这些故事可以帮助人们更好地理解水文化的现代意义，以及如何将其融入当代社会的实际行动中。

2. 加强生态培育与活态传承

钱塘江水文化遗产是受自然环境、社会环境和经济环境共同影响的，离开任何一项水文化都不能发展和传承，尤其是非物质水文化遗产更是需要"自然—社会—经济"的生态培育，才能保持地方特色与生命力。在保护水文化遗产时，要注意把握分寸和尺度，切莫保护过度，将水文化遗产束之高阁。建议可以通过生态培育的方式使有形的物质水文化遗产（水利工程设施、古镇、古建筑、传统民居、园林宅院、文物遗存等）和无形的非物质水文化遗产（如传统技艺、传统表演艺术、民俗活动、节庆习俗、生产生活习惯、口头传统等）相依相存，融入钱塘江唐诗之路沿线人们的生产生活和自然环境中，在润物无声中涵养文明之风。

3. 建立水文化遗产管理体系

钱塘江水文化遗产保护传承时，要建立水文化遗产管理制度，科学设定水文化遗产的认定、保护、管理等内容。钱塘江水文化遗产点多、面广、量大，应由政府统筹、行业归口管理、相关职能部门协力配合、社会公众全面参与，加强对钱塘江水文化遗产的保护与利用。

水利部门应增加水文化遗产保护与管理职能，将水文化遗产保护融入河（湖）长制体系，将水文化理念融入水利工程规划和设计体系，明确具体责任单位，并将交通、住建等部门纳入水文化遗产保护工作中，形成高效有力的水文化遗产保护管理体系。要建立县区级水文化名镇、省级古村落、省级文物保护单位、非物质水文化遗产、国家水利风景区所构成的五方面的遗产保护体系，构建科学完善的水文化遗产保护法律法规体系，制定专门的水文化遗产保护管理条例、水文化遗产评价标准体系和水文化遗产保护规划编制等行业规范标准，科学设定水文化遗产的认定、保护、管理等内容。

4. 推进水文化遗产产业融合

钱塘江水文化遗产开发利用时，要强化品牌意识，构建水文化遗产的产业延伸融合模式，推进杭州"拥江发展"。要坚持创新、协调、绿色、开放、共享的新发展理念，打破地域、行政、管理的界限，加强水文化与文化产业、旅游业的融合，推进产业延伸融合，加强对钱塘江水文化遗产整合、串联、包装、策划，形成若干历史水文化主题，促进水文化遗产的创新发展。

加强对钱塘江干流和支流，钱塘江水文化遗产的保护开发和利用，开发具有水历史风貌的商业街区、渡口码头、古桥遗址文化、水民俗文化基地、县域水景观、水驿站小景等，发挥钱塘江水文化遗产的经济效益、社会效益和生态效益。要强化品牌意识，做好非物质水文化遗产、水民俗、水艺术、水文学等遗产项目的保护与利用规划，建立一批具有独立知识产权的钱塘江水文化遗产文创品牌。

5. 构建水文化遗产保护与开发评价指标体系

构建水文化遗产保护与开发评价指标体系。按照生态水利治理指数，针对钱塘江水文化遗产地域特征、存在问题，建立水文化遗产保护与开发评价指标体系，把健康、发展、开发利用和可持续发展准则层综合起来表征生态保护与开发评价指数。通过指标体系的建立，加快推动建立可持续发展的资源环境支撑体系，保护区域内水文化遗产。

第三节　生态文明思想与水文化建设的联系

一、生态文明思想

（一）生态文明的形成

中华人民共和国成立以来，我国对生态文明的认识经历了初步萌芽、形成雏形，形成发展，丰富完善等阶段。改革开放前，我国对生态文明没有具体的认识，此时的重点是发展生产，保障人民基本生活需求，初步建立完整的工业体系。改革开放以后至 20 世纪末期，我国开始强调环境保护，强调可持续发展，对生态文明建设有了初步认识。

20 世纪末到 2012 年前，我国对生态文明建设有了较为科学的认识，建设社会主义生态文明，并将生态文明建设与物质文明、精神文明、政治文明建设放在同样重要的地位对待，人们对生态文明建设的认识有了长足进步。近年来，我们高度重视生态文明建设，提出了建设美丽中国的奋斗目标，提出了"人与自然和谐相处""绿水青山就是金山银山""良好生态环境是最普惠的民生福祉"等重要论断，形成生态文明思想。这也标志着我国对生态文明建设的认识达到了新的高度。

（二）生态文明的内涵

文明是人类在长期的政治、经济、文化、社会生活和实践中逐渐形成，是生产方式以及相应创造模式的总概括，是人类社会发展进步的象征。现代意义上的生态不仅包含人类生存和发展的自然环境，而且包含了动植物、微生物等一切具有生命存在的生物所需要的生存和发展环境。对于人类来讲，生态环境不仅包含自然环境，而且包含政治、经济、社会、文化等生态系统。人类既是生态系统的一部分，同时也是生态系统本身的产物，遵循和服从于生态系统的客观规律。生态文明应该从两个方面展开理解：

第一，从人与自然关系方面理解，生态文明是人类改造客观世界的同时，又发挥主观能动性保护客观世界，目标是构建人与自然和谐共处的相互关系，在此基础上创造丰富的物质成果、精神成果和制度成果。生态文明是一种独立的文明形态，其要求是人类在发展经济改善生活的同时，必须以不损害自然环境为前提，要努力保持和创造良好的生态环境，是人类经济社会发展和自然生态都能保持良好的运行状态。

第二，从人与社会关系方面来讲，生态文明要求人类尊重生态和谐、社会和谐，不仅强调人与自然的和谐共生关系，而且强调人与社会、人与人之间的和谐共生、良性发展关系。这一概念超越了人与自然的关系，使人与人、人与社会二者之间的关系运转顺畅，和谐有序。特别是要坚持生态价值观，全面优化调整物质生产、精神创造、制度建构三者之间的关系，对生产方式、经济运行方式和生活方式进行改造，调控人与自然、人与社会、人与人的良性关系，维护生态系统和社会系统的客观规律，以可持续性、全面发展、良性共存为基本要旨，全面达成人类社会生产发展、生活富裕和生态良好和谐的统一。

生态文明的内涵十分丰富，其核心是实现自然生态的可持续性和人类经济社会发展的可持续性两个方面，两者之间相辅相成，缺一不可。没有生态的可持续发展，人类经济社会的可持续发展就失去了物质基础。同样，一味追求自然生态的可持续性，并由此阻碍经济社会发展，人类将无法繁衍存续，社会也无法繁荣进步。两者之间必须把握好度，实现协调发展才是终极目标。

（三）生态文明的构成

作为一种独立于其他文明形态的一种全新文明形态，生态文明具有内涵丰富、结构合理、涵盖面广的特点，是一个复杂而全面的体系。生态文明由思维意识、行为文明、社会制度和物质产业四个方面构成。

1. 思维意识

在思维意识层面，生态文明需要人们树立科学的世界观、正确的价值观和方法论，特别是强调用正确的价值观和思维方式，处理好人类与自然、生态环境和社会系统的关系。在生态文明中的文明价值观是以可持续发展理论为代表的，主要包括以下三个方面的内容：

（1）树立人与自然和谐共存的世界观和价值观。生态文明观纠正人们在近代形成的机械唯物主义自然观，使人们将人类与自然界相隔离，相孤立。人是自然界中的重要组成部分，与其他万物相统一，同样需要遵循自然规律，人类在生态环境中应以保护态度对待自然，维护绿色生态。同时，随着科学技术的进步，以实现"人—自然—社会"的共同体作为改善生态的重要工具和手段，应优化生态环境、促进生态系统良性循环。

（2）建立人类社会、经济与自然生态相协调、可持续的发展观。我们要转变认为自然资源取之不尽，用之不竭的旧观念，不破坏自然生态的自我修复功能，坚持公平性、持续性、自然资源的价值性和公众性原则；平衡社会、经济、文化、环境的良性关系循环系统，杜绝乱砍滥杀、资源污染等破坏行为。

（3）选择健康、适度消费的生活观。健康的消费心理和消费行为是大众所应崇尚的，自觉抵制浪费行为，提倡绿色循环，由此提高人类生活水平和改善生态环境，自然养人，人养自然，循环以常。

2. 行为文明

在行为文明层面，当每个人消费时都会直接或者间接地消耗水资源、森林资源、土地资源以及其他各种资源材料，除了消费资源外，在消费的时候还会对环境造成污染，如排放污染物、废弃物品，所以在消费时我们应该遵循合理、适度、节约的消费观念。

生态文明具有的先进和科学价值观，应贯穿精细加工、绿色回收、生态文化建设、环保意识培育等多环节、多领域。与此同时，生态文明能够平衡和改善人与自然相处的关系，构建良性联系，是新时代孕育的新型文明，也是一个具有整体性、深度性的社会工程系统，对其落实与发展需要自上而下的思想贯彻，应由政府、企业、公众各行为主体各司其职，采用诸如政治、经济、科技等的手段来达到全社会行为符合生态文明建设的需要。

3. 社会制度

在社会制度层面，关键在于处理人类不同群体、不同个体之间的关系。制度建设是实现生态文明的必要保障，而法律更是最重要的行为标准和奖惩严尺。

健全相关法律体系和制度保障是人类自身正确对待维护、呵护生态文明基本态度要求。我国国土面积辽阔，资源丰富，人口数量众多，生态地貌多样，各地经济发展水平差距较大，只有针对各地具体情况，从而制定相适应的规划计划和目标指数，才能落实与我国国情相适应生态环境保护制度。从个体来讲，保障自身的环境权益是每一个中国公民共有的基本权利和义务。

随着我国社会主义建设发展，生态文明在制度方面取得了很大的进步：如我国成立保护生态环境的行政机构——生态环境部；制定了一系列关于生态保护的法律法规和政策举措；生态环境保护宣传和教育普及活动开展得如火如荼；公众的生态环保意识显著提升，新闻媒体中关于生态保护的报道力度明显加大。

4. 物质产业

物质生产要调和人与自然的关系，无论是何种社会，任何文明，物质资料生产都是人类生存与长期发展的基石。生态文明摒弃掉工业文明时错误的物质生产方式，以循环利用资源、保护自然环境为基础，进行环保、可持续发展的生产行为。根据产业的不同，我们将生态产业划分成这样四个类型：

（1）生态农业，运用科学的生产原理，遵循经济运行的客观规律，将传统农业中的费时费力环节进行调整，建立成现代先进技术下的生态新农业。促进生态与经济结合、生态与社会结合之间的良性循环。

（2）生态工业，摒弃旧时代高耗能，高消耗的新型工业链，减少污染，提高效率，调和社会与人的关系。

（3）生态服务业，其包括健康绿色的服务业，生态环保旅游产业等。目的在于合理开发各类自然生态环境资源，包括为人们旅行、娱乐、提高生活水平质量的服务业。

（4）环保产业，是生态产业中的保护伞，以防治环境破坏，从内至外有效改善生态系统内化循环、改善生态环境为目的。近年来，在政策支持、市场需求、科技创新等多种因素的支持下，环保产业已经步入了发展的黄金时期。

（四）生态文明的特点

生态文明是人类在精神、制度和行为层面应遵循的人与自然和谐发展的基本规律，从自身建设和生态循环规律把握上推进社会、经济和文化有效发展，最终取得物质、制度与精神成果并以此实现人与自然和谐共生、全面持续繁荣发展的新型文明形态。生态文明涵盖以下特点：

1. 人与自然和谐

在中国传统文化中的哲学思想也强调调和人与自然关系和谐。在生态科学的理论体系基础上，现代生态学体系的完善从实际层面肯定了东西方古代先贤所提出的思想——"天人合一"。在生态学中，有一个常见的客观规律，叫作生物学趋异定律，这个定律是指一块区域内生命物种的丰富程度决定了该区域生态能力的强弱。在自然生态的循环动态平衡中，要想健康长久地在自然界中生存下去，就必须要尽可能地保证物种的多样性，这条规律证明了整体主义的世界观，同时还表明了人类必须要建立科学的价值观，协调人与自然的关系，和谐共处，永续发展。

2. 全面性

全面性特性可从生态文明的对象和内容进行考究。生态文明的内在运行和作用对象是整个地球生态系统，其为真实母体，无论从何角度都无法离开整个地球生态系统的大环境，但通常人类从自身角度，将其分为人、环境、社会三个层面，而生态系统的作用对象是囊括地球生态系统的全面性下，统筹规划、调整人类自身、人类与自然界、自然系统环境与社会之间的和谐与共存关系。生态文明系统的内容具有全面性，并且覆盖面极广，其以自然为基础，综合社会、经济、文化等各方面，贯穿各部门、各行业，融合各领域的物质资源、能源信息，从而建构出多层次、多等级、多领域共存、生态协调的网络化循环系统。

3. 统一性

生态文明的统一性是多角度的，体现在生态系统主体整体的完整统一和主体内在生态物种、环境、参与者的多样性；生态文明作为价值观本体，其具有生命伦理意义和文化教育作用；生态文明出发并回归于人与生态，协调平衡就需要夯实民生基础、保障公平。

地球作为生态环境的主要承载者，是一个囊括万千却又完整统一的有机构成系统，人类同时也是地球这个主要承载者的重要组成部分。地球生态内部的统一平衡，需要内在各个角色之间完成物质、能量、信息的沟通、传递和供给运作，过程中的任何影响、变化都会触及其他角色的改变，乃至整个系统的运作。地球生态的完整统一是依赖于内在的多样性客体存在，生物多样性、物种多样性、社会多样性等构成了生态环境本体的多样和人类社会丰富和谐，这就需要人类更加珍惜和保护生态系统。

4. 扬弃特性

在原始文明、农耕文明和工业文明的历史发展进步过程中，人类社会已经达到一个相当发达的科技水平，创造了丰富的工业成果。生态文明在生态学和生态规律作为科学依据指导下，保留了历史进程中的物质财富、科技手段和工业成果，摒弃了传统农业文明中的落后、单一的生态倾向和工业文明中的旧思想与价值观。同时生态文明保持其可持续与亲生态的本体趋向，在人类和自然的和谐关系中背道而驰时，生态文明以新兴生态科学为依据，形成了一种主动回归。

二、水文化与生态文明

作为生态文化的重要组成部分，水文化是与生态环境相适应的文化，同时，在推进生态文明建设发展方面发挥独特性作用。先进水文化指导下的可持续发展的水利建设是生态文明建设的重要基础和有力保障。生态文明建设在新形势下对水文化建设提出了更新更高更远的要求，赋予水文化全新而光荣的使命，由此在制度层面和实践层面都对水文化建设产生有利的影响，并推动其有利发展。尊重自然、爱护自然是新时代生态文明建设的核心理念，要求水文化树立以人为本的自然观。这一观念并非单纯以人为中心，而是要求生态文明指导下的水文化注入同时尊重人与自然的先进理念，生态文明还要求水文化坚持可持续发展的原则与价值观。

生态文明核心是如何处理发展与生态环境的关系，水文化的核心同样是人水和谐，即在保障人类用水的前提下，实现持续用水，理性用水，所以水文化与生态文明具有密切的内在联系。

三、生态文明视域下水文化建设

（一）加强制度形态水文化建设，实现水文化机制创新

人类社会在发展演进过程中，创造了灿烂的制度文化。制度文化在变迁发展过程中，制约和影响着物质文化和精神文化的发展变迁。在现代水文化建设中，我们要始终坚持"政府统筹、改革创新、民生为本、人水和谐"的思路，努力构建和完善适应现代水文化建设的体制机制。

1. 完善城乡统一的水务管理体制，实现统一管水

我们要结合中国国情和时代要求，积极学习借鉴有益的水资源管理经验，建设和完善具有中国特色的水务管理体制。

（1）实现城乡水资源统筹，对水资源统一规划、统一调度。我们要实现城乡水资源的统筹管理，确保水资源得到统一规划和调度。这意味着我们需要将城市和农村地区的水资源整合在一起，确保水的分配是公平和有效的。这种统一规划和调度有助于减少浪费，提高水资源的利用效率。

（2）坚持生产、生活、生态统筹考虑、统一调配，要优先保证生活用水。我们需要平衡满足农村和城市的用水需求，同时也要保护生态系统的水资源。特别要优先保证生活用水，因为人民的生活用水是最基本的需求。

（3）坚持天上水、地表水、地下水"三水"统管，协同使用。不同的水资源相互关联，它们的管理必须协调一致。通过统一管理，我们可以更好地保护这些宝贵的水资源，避免过度开采和污染。

（4）坚持水资源管理的研究，坚持理论实际相结合，切实提升水资源管理水平和使用效益。这包括不断改进管理方法，利用新技术来监测和管理水资源，以及培养专业人才，推动水资源管理的不断创新。

2. 建立健全适应水生态建设的社会管理体制机制

水资源由于其时空分布不均的特性，难以实现天然的供需平衡，因此需要人类发挥主观能动性，通过对水资源的科学管理和合理调配，实现人与人、人与水之间的和谐。我们要以落实最严格的水资源管理制度为核心，以加强制度建设为抓手，着力解决水资源管理

和水文生态建设面临的突出问题，建立水生态建设领导机制、水生态补偿机制、水权和排污权交易机制、水生态监督机制、水污染应急机制等，形成政府主导、公众参与、保护优先、公平合理的社会管理体制机制。

（1）建立水生态建设领导机制。在中央和地方明确水生态建设领导机构，赋予相应的职责权限，负责制定全国和本地区范围内水生态建设规划，统筹解决水生态建设重大问题，落实相关建设任务，构建权责明确、上下联动的水生态责任体系。

（2）健全水生态补偿制度。建立反映市场供求和资源稀缺程度、体现生态价值和代际补偿的资源有偿使用制度和生态补偿制度，要围绕水资源优化配置使用和水生态保护的目标，正确处理好利益关系，使水生态保护者受到相应奖励，使受害者受到相应补偿，使破坏者受到相应惩罚，使受益者承担相应的义务。

（3）建立水权排污权制度。具体包括水权分配制度、定价制度、协商制度、监管制度等，这些制度的确立，有利于用水者和排污者约束自身行为，降低用水总量和排污总量，提高水资源使用效益，并通过交易获得相应经济利益。同时，可以使得珍贵的水资源向高产出行业流动，减少排污总量。政府水资源管理部门和环境管理部门应该根据市场经济发展需要，完善水权和排污权交易制度，并加强对制度执行的监管，确保水权和排污权交易制度落地生根，发挥作用。

（4）建立重大突发性水污染应急机制。要完善突发性水污染事件的预警、检测和指挥以及信息发布机制，建立涵盖水利、环保、自然资源、交通、通信等部门的应急指挥领导机构，有效调度资源，统一发布信息。要加快完善突发事件网络信息系统建设，第一时间应急响应。在重要河流、湖泊和主要饮用水水源地，要进行定点定时检测，确保重大水污染事件第一时间能够发现，并进行有效应对。

（5）创新水生态建设监督机制。充分发挥各级人大、政协、行政部门及新闻媒体的监督职能，切实构建职责明确、各司其职的监督机制。要积极发动群众的积极性，特别是鼓励民间环保类社团和环保志愿者发挥监督作用，加大对环保类社团和环保志愿者的资助和奖励，鼓励他们对各种破坏水生态建设、污染水环境的行为进行监督举报和公益诉讼，使破坏者和污染者付出代价。

3. 建立依法治水的法律体制，确保依法治水

（1）完善水法律法规体系。按照可持续发展的理念，加强水安全立法工作。一是加快饮用水安全、水生态损害、水环境污染、节约用水等水安全立法，适应生态文明建设需要，保障和改善民生，促进人水和谐。二是完善水管理方面的法律制度，提供良好的水事秩序，主要有《地下水资源管理条例》《城市供水条例》《河道采砂管理条例》《蓄滞洪区管理条例》等。三是加快农田水利、跨区域调水、地下水管理等方面的立法。

（2）加强水行政执法。实现水行政执法一体化，推进水利、渔业、环境、海事、海港等涉水行政执法部门职权划分，解决职责不清、多头执法等问题。提高执法人员的遴选条件，组建高素质的执法队伍。进一步加强执法监督，规范执法程序，提高执法效能，严厉打击各类水事违法行为。

（3）开展水法制宣传教育。一是通过各类培训、知识竞赛，帮助执法者熟悉水事活动法律法规，坚持公正执法。二是通过新闻媒体、法治宣传活动，帮助人民群众增加对涉水活动法律法规的了解，切实做到知法、懂法、守法。

4. 建立科学的水环境保护体系，确保用水安全

水资源污染已经成为制约经济社会发展、危及人类生存的重大隐患。我们要树立可持续发展的目标，坚持水污染"源头治理"，加强饮用水水源地管理，严格实行用水总量控制，推进构建科学的水环境保障体系。

（1）加强饮用水安全。一是将水质安全放在首要位置，对可能影响水源地水质的建设项目坚决取缔。二是加强水源地全方位监管，加强水质监测，及时公开饮用水水质相关信息，消除公众疑虑。三是制定水污染突发事件应急预案，构建污染源预警发布、水质安全应急处理和备用水源应急供水等保障体系。

（2）加强污水处理和再生利用。根据城市建设发展需要建设污水处理设施，并与城市供水、用水、节水、污水一体化规划，推进雨污分流。加强中水循环使用，在城市居民区实施中水利用改造，在重点行业加快工业废水循环利用，全面实施工业污水达标排放，最终实现低污染或零污染排放。

（3）加大水污染防治投入。一是要建立政府主导、社会资本广泛参与的水污染防治基金，引导社会资本参与水污染防治设施的建设。二是进一步完善排污收费制度，完善差别水价政策，加大政策支持，鼓励企业采用先进技术，节约用水，减少排放。

（4）加快推进水利科技创新。加强政府引导，建立市场导向的产学研深度融合的水利科技创新体系。实施水污染治理重大科研项目攻关，突出关键技术、前沿技术的创新，加大水污染治理科技成果推广转化。加快水利科技的基础研究，为水生态保护和修复、水污染防治、水资源节约利用等提供坚强的科技支撑。

（二）加强物质形态水文化建设，建设高品位的水工程

1. 加强水工程建设，突出水工程文化品位

在水工程发挥兴利除害的同时，我们要不断满足人们日益增长的物质文化需求，强化

水利工程的文化功能，将其作为向公众展示水文化的窗口。要继承弘扬中华优秀传统水文化，特别要学习借鉴古代水利工程蕴含的丰富文化内涵，充分理解其蕴含的"天人合一"思想，提升水工程的文化品位，建设更多人水和谐的水利景观。同时，要摒弃长期以来灰色生硬的水工程建设风格，对水工程进行精心设计、精心施工，使其营造出巧妙自然而又充满灵性的审美效果，体现其观赏功能，实现水与人、水与城、水与景、水与历史、水与文化的和谐统一。

提升水工程的文化内涵，必须坚持建设文化精品的理念，将中华优秀传统文化和鲜明的新时代精神融入水工程建设。要使水工程在发挥经济社会效益的同时，要满足人们的审美需求，为人民群众提供休息娱乐、旅游观光的优美环境。

2. 注重河流生态健康，突出水生态文化

世界主要文明的产生都与河流有着密切的关系，我国几大文化体系的形成及划分，也主要与我国几大河流流域不可分割。河流的健康发展是促进河流水文化发展的物质基础。河流健康是指以良好的水资源环境为基础的河流，在与其所处的自然环境以及由此环境所支撑的生态系统之间不断进行持续协调的运动，富于生机和活力，保持良性循环及和谐发展，即水保持良性循环、水生态平衡、水环境良好、河流功能正常、水源丰沛、生态平衡、充满生机与活力、河流稳定可持续发展。

我们要树立人类与河流命运共同体的观念，坚持预防优先，保护与合理开发并举的原则，既强调保护河流生态健康的重要性，也坚持开发利用河流的合理性。

大力建设可持续利用生态健康河流。对于河流修复，要以改善河流水质为重点，拓展到河流整体生态系统恢复。对于河道建设，要在超于自然的前提下积极创造良好的生态环境，包括保持河流的自然流向、河堤建设采用环保绿色材料、河流横断面形状的多样化以及河床材料的透水性。要坚持预防为主的原则，做好水土保持和河流流域综合治理。对于保持原始自然状态的河流，要严格限制人类对河流开发的强度，确保任何对河流不可逆转的损害都应禁止，最终实现开发与保护二者之间的平衡。

3. 强化水景观建设，关出人水和谐

随着生活水平的提高，人们的公共环境意识不断提升。人们通过把工程建设和生态环境建设结合形成了具有人文特色和艺术美感的水景观，满足了人类旅游观光和休闲娱乐需求，成为展示水文化的物质平台。

在水景观建设中，要从人水和谐理念出发，既要符合现代化建设的要求，又要满足广大人民对生活环境的需求。

首先，水景观建设要突出时代精神。每个时代有每个时代的精神，水景观建设要成为体现新时代中国特色社会主义先进文化、展现当代中国主流思想的文化景观。

其次，水景观建设要突出文化主题。每个城市历史传承各异，相应的水景观主题要体现自身特色，体现城市文化底蕴和自身文化风貌。要通过改造或再造历史场景，反应城市的身份特点。同样，每个水景观展示区也要结合该地区和原场景文化定位，突出自身定位。

最后，注重城市滨水景观营造。城市滨水区开发已经成为城市开发建设的热点。要围绕满足人们对美好生活的需求，利用工程措施，将城市滨水区自然景观和人工景观融为一体，优化城市空间布局，将治水工程与提升水质、修复水文生态环境、建设宜居环境相结合，变水患为水利，建设取水、防洪、旅游、休闲娱乐为一体的多功能的滨水景观，实现自然生态与人文生态的完美结合。

第四节　水文化的高质量发展途径

水文化的高质量发展就是以水资源为核心，以可持续发展为目标，推动水资源的合理开发、有效管理和环境保护，以及促进人们对水资源的正确认识和利用的发展方式。"水是文明之源，中华民族在长期的水利活动中铸就了中华水文化。"[①] 水文化是人民群众对水利事业新期待的重要内容，也是推动新阶段水利高质量发展的应有之义。为此，水文化的高质量发展途径如下：

一、明确发展方向，奠定安全基础

（一）树立新发展理念

新发展理念是我国发展思路、发展方向、发展着力点的集中体现，是管全局、管根本、管长远的导向，在新发展阶段，水利工作实现高质量发展必须完整、准确、全面贯彻新发展理念。"节水优先、空间均衡、系统治理、两手发力"治水思路和"深入研究保障国家水安全重大问题"指示精神，为新阶段水利高质量发展提供了目标依据和根本遵循。

---

① 　李敏. 新时代水利精神融入思想政治理论课程教学实践探索——评《中华水文化教育》[J]. 灌溉排水学报，2022，41（05）：158.

把新发展理念贯穿水利发展全过程和各领域，有助于加快实施国家节水行动、建立水资源刚性约束机制、构建国家水网、提升水安全保障能力，更加注重"四水"①问题，通盘考虑、综合施策、统筹治理，推动新老水问题解决，实现新阶段水利高质量发展。

1. 由工程治水向系统治水转变

水利关系到中华民族的长治久安和长远发展，治水要用历史长远眼光考虑问题，注重整体利益，不急功近利，不搞短期行为，才能实现系统治理的最优化。针对"四水"等问题，必须坚持系统观念，统筹上下游、干支流、左右岸、地表地下、城乡水利，统筹山水林田湖草沙各要素，统筹水安全、水资源、水生态、水环境、水文化，统筹水利工程规划、建设、运行、管护，强化全局谋划、战略布局、整体推进、精准施策。

2. 由单一功能向复合型功能转变

为更好地服务于人民日益增长的美好生活需要，高质量的水利基础设施应具有较强适配性，应从发挥防洪、供水、灌溉等传统功能向提供优质水资源、健康水生态、宜居水环境、繁荣水产业等涉水的多项功能转变，充分发挥水利基础设施的综合功能和综合效益，在服务于传统"四水"的兴利除害功能基础上，增加水景观美化、水文化传承、水产业发展、水服务智能等复合型功能，实现全面融合发展。

3. 由单一部门为主向社会协同治理转变

水问题具有广泛的社会性、治理的复杂性以及在经济社会协调发展中的重要性等特点，决定了水利工作必须要更多地、更自觉地从社会协同治理的角度研究解决水问题。应正视水治理过程中不同利益相关者之间的冲突和博弈，统筹做好系统治理，形成治水合力。按照"共同抓好大保护、协同推进大治理"要求，在充分发挥各治水主体公共管理职责的同时，强化水行政主管部门与自然资源、生态环境、农业、林业等相关部门的互动沟通与协同治理，充分调动社会各有关方面参与治水的积极性，强化社会协同、公众参与和过程管理。

（二）奠定安全基础

水安全是国家安全的重要组成部分，事关经济安全、资源安全、生态安全和人民生命财产安全等方面，必须树立底线思维、增强忧患意识。进入新发展阶段，水利在保障发展与安全方面承担更多新任务、面临更多新挑战，要求我们树立全局观，锚定水利的发展方

---

① 水资源、水生态、水环境、水灾害。

位，进行顶层设计、科学谋划，不断增强工作的前瞻性、整体性、协同性。

加快推进重大规划和战略研究工作，立足"两个大局"坚持系统思维，加快推动事关国计民生、生态文明建设和重大区域发展战略的水利规划和战略研究工作，推动国家水网等重大工程研究。不断健全完善水法规体系，加快推进黄河立法、节约用水立法、河湖管理保护立法进度，建立水资源刚性约束制度、地下水管理、水量调度、供水管理、水旱灾害防治等方面的法规制度建设和机制研究，提升水资源集约安全利用、水旱灾害防御的管理能力，提高新阶段水利高质量发展的整体推进水平。

二、强化科技创新，提供发展保障

大力推进水利科技创新，用高水平的水利科技支撑新阶段水利高质量发展起到重要指导作用。加快突破水利关键核心技术，紧紧围绕支撑国家水网、重大引调水、防洪减灾、智慧水利和水生态水环境治理保护等开展重大关键技术问题研究。

强化顶层设计、科技攻关和系统研发，实现水利工作方式从信息化、网络化向智能化、融合化的转变。持续推进"互联网+"与现代水利的深度融合，推动水利管理的数字化、智能化、规范化，全面提高水患灾害综合防御能力。探索视频监控人工技术在水利领域中的全面应用，借助"无人机"等科技手段创新巡河模式，通过全方位、多角度监督检查，推动美丽河湖建设向"幸福河"建设迭代升级。

三、以人民为中心，社会参与与合作

坚持以人民为中心，把增进人民福祉、促进社会全面发展作为水利工作的出发点和落脚点。新时期水利工作的开展，必须倾听群众呼声、尊重群众意愿、关心群众疾苦、维护群众利益，想百姓之所想、急百姓之所急、聆听百姓之所思、解决百姓之所盼，精准把握人民群众日益增长的涉水需求。从保障人民生命财产安全、提高人民生活水平和生活质量的实际要求出发，着力解决好与民生改善密切相关的水问题，让人民群众对江河安澜、水清岸绿、河畅景美的向往逐步变为现实，使广大人民群众共享水利改革发展成果，不断增强人民群众的安全感、获得感、幸福感。

注重人才培养，激发新阶段水利高质量发展的动力。高素质的人才队伍为新阶段水利高质量发展提供人才支持和智力保障，是推进现代化水利建设的关键。

第一，加快培养高层次创新人才队伍，打造高水平人才创新团队，培养具有先进治水理念、掌握现代信息技术、专业能力强的青年人才。

第二，扎实推进基层专业人才队伍建设，加强业务培训，扩大人才队伍规模。

第三，大胆地培养选拔年轻干部和业务骨干，健全考核激励机制，激发青年人才干事创业的积极性和创造性，努力建设一支忠诚干净担当的水利干部人才队伍，为保障新阶段水利高质量发展提供强有力支撑。

四、助力国内大循环，服务国家战略

建立新发展格局，关键在于经济循环的畅通无阻，最本质的特征是实现高水平的自立自强。建设重大水利工程、完善水利基础设施网络，属于"两新一重"的重要内容，既能拉动内需，也能增加有效供给，是畅通经济循环的重要举措。

在拉动内需方面，重大水利工程建设具有吸纳投资多、覆盖范围大、产业链条长、劳动能力强等优势，能有效拉动上下游产业的发展，促进就业和增收，是拓展投资空间、优化投资结构、构建完整内需体系、畅通国内大循环的重要渠道。在增加有效供给方面，加快推进国家水网骨干工程建设，不断完善水利基础设施建设，通过提供高质量城乡供水、科学农业灌溉、清洁能源、优美水生态、宜居水环境等优质高效的水资源供给体系，进一步提高水资源供给的质量、效率和水平，增强水资源要素与其他经济要素的适配性，为畅通国内大循环提供有力支撑。

第一，主动衔接区域重大战略，按照"共抓大保护、不搞大开发"的要求，从生态系统整体性和流域系统性出发，追根溯源，系统治理，提升生态系统质量和稳定性，以水利的高质量发展，保障水资源可持续利用和黄河长治久安。

第二，接续推进区域协调发展战略，加快推动京津冀协同发展，加大外调水和非常规水源利用，加快河湖综合整治和生态修复，继续开展地下水超采综合治理。

第三，全面推进乡村振兴战略，加快农业农村现代化，推进新型城镇化，加大农业农村水利基础设施建设力度，实现巩固拓展脱贫攻坚成果同乡村振兴有效衔接，缩小城乡水利保障差距，把农村水利作为方向性、战略性的重点研究，加快完善国家支持农业节水政策体系，提高乡村振兴水利保障水平。

第六章 中华水文化与旅游经济的融合发展

第一节 中华水文化的文创产品创意与设计

一、文创产品的概述

文创产品是指具有文化内涵并对文化内容进行形式上的再创新的产品。"旅游文创产品是传承和弘扬中华优秀传统文化的一个重要载体，能够反映当地的特色文化。"[①]

（一）文创产品的价值

文创产品是乘着知识经济时代的东风获得了迅速的发展，由于其兴起的时间并不长，因此还需要一个过程来使得大众对其价值形成更清晰的认知。相比较于一般的产品，文创产品的价值构成更为多样。普通产品价值的决定要素是社会必要劳动时间，购买的供需关系等，而文创产品价值的决定要素更为复杂，总的来说，文创产品的价值具有隐性和显性两方面的特征。文创产品中所蕴藏的文化内涵和文创产品设计中的创意等是其隐性价值，而文创产品带给消费者的使用感受、功能和体验价值等是其显性价值。

1. 文创产品的显性价值

文创产品的文化价值需要依托于形式，而承载不同文化内涵的形式就表现为文创产品的显性价值。具体可感知的载体和形式是消费认识文创产品价值的一个重要途径，文创产品的高附加值也需要依托于一定的载体形式来呈现。不同的消费者对文创产品的感知不同，有的是通过文创产品的功能来感知其价值，有的是通过文创产品的文化信息来感知其价值，更有通过体验感知产品的价值。因此，文创产品外在表现出来的功能价值、信息价值和体验价值就可以被认为是文创产品的显性价值。

[①] 谢轶琦，章金芳. 基于古越文化的首饰类旅游文创产品的开发研究 [J]. 艺术教育，2023，（07）：215.

总之，文创产品的隐性价值的实现离不开显性价值这个载体，而文创产品的隐性价值是促进显性价值增长的关键。文创产业发展之初，很多国家尚未足够重视这一产业，没有意识到知识经济与体验经济时代，对文化资源的产品化创新将会是国家经济增值的关键。

2. 文创产品的隐性价值

文化内涵与创意价值是文化产品的隐性价值，也是文创产品在市场竞争中的核心竞争力，是文创产品高附加值的来源。文创产品的文化内容离不开文化资源，而我国悠久的历史文化、丰富的地域文化和多样的民族文化则为文创产品提供了取之不尽用之不竭的文化资源。文化资源不等于文化价值，文化资源要经过价值创造才能实现文化价值。文创产品设计和生产的过程就是赋予文化资源以市场价值的过程，文化资源可以直接部分附着在文化产品上获得商品价值，也可以通过其影响力成为文化产品的附加值。当然，文化资源的拥有量并没有和产品的发展表现出正比关系。中国具有异常丰富的文化资源，然而却时常被国外作为灵感的源泉并将其转化为能够带来经济效益的文创产品。

（二）文创产品的意义体现

1. 文化产品对文化在形式上进行转化

创意作为实现文化价值和产品价值的主导力量，其最大的意义在于对文化的转化，以有趣的、易于接受的方式让传统文化得到传播与继承。不可否认的是，好的创意可以让文化传递的效率最大化，而差强人意的创意对于传统文化的准确传达则值得商榷。

2. 文创产品提高了行业品质

独具创意的外观设计是成熟文化创意产品所必需的一个条件，此外，成熟的文化创意产品还需要取得消费者的价值认同。现在的消费者市场已经改变，新时代下，消费者对产品的外观、创意、文化价值等都有着不同的理解和追求，因此文化创意产品要顺应消费者的需求作出改变，提高产品品质、确保设计的合理性和增加其附加值，满足消费者多方面、多层次的需求，才能使文创商品市场焕发出新的生机。

3. 文化产品能够推动文化发展

文化创意产品兼具多种特性，能够带给消费差异化的消费体验。如今，随着社会经济的发展和国家的高度重视，文化创意产业持续繁荣，日趋成熟，文化创意产品成长的空间越来越宽广，文化创意产品在商品经济运行规则下竞争日益激烈。文化创意产品是文化创意产业中的重要组成部分，因此进行文化创意产品的开发有助于推动文化创意产业的发展，也有助于进行特定文化的推广与弘扬。如今，我国的众多文化机构都建立了自己的文化创意产品研发中心，以创新的文化产品来推广文化，传承文化，弘扬文化。故宫博物院等机构设计出了一批文创产品，对中华文化的传承和文化输出起到了积极推动的作用。

4. 文创产品能够推动景区旅游业的发展

（1）文创产品加深了游客体验感。文创产品作为文化载体，在旅游业中具有很大的发展前景，例如，成都的熊猫经济就是著名景区文创产品，旅客在游玩后，往往会购买具有当地特色的商品以做纪念，而熊猫经济就是根据成都大熊猫这一特色，衍生出了一系列具有熊猫元素的产品。游客在购买具有熊猫元素的文创产品后都愿意在返程后分享给身边的人，这些产品提升了游客的旅游体验感，加深了游客对旅游地文化特征的认知，并且传播了旅游地的特色文化，拉动了潜在的消费者，因此，文创产品对于游客的体验感具有重要的意义。

（2）有效传播景区文化。若将景区文创产品品牌化，还可以有效传递景区的精神文化内涵。文创产品品牌化从无论在景区传播，校际传播，还是在社会传播中，都能够有层次地集中体现景区文化特色并且树立良好的景区形象。

（3）有利于景区的集中营销管理。品牌化的景区文创产品可以集中展示宣传景区文化，通过官网、社交平台、数字媒体等媒介统一宣传推广。由于景区自身的资源优势，也可以利用景区丰富的生态资源和社会平台，在品牌化的基础上不断研发、生产形成迭代的创意产品。

总之，文创产品能够为消费者提供情感体验，并与之产生情感联系，唤醒消费者内心中的情感，从而加强文化内涵的传播。此外，它也是推动国内经济增长的重要部分。

（三）文创产品的要素表达

文创产品是为满足该种需求而产生的，同时要成为文创产品就必须具有文化、创意、符号、体验、审美等要素特征。

1. 文化要素

文创产品设计将文化创意产业和传统制造产业结合起来，并在实践中融合文化，赋予新产品更多感性的附加价值，使之优于传统产品。文创产品正是借助器物来彰显理念与体制，也是对现代主义设计与产品发展至顶峰而产生的同质化国际化风格的对抗表现。

当下，地域文化又再次获得各个地区的充分关注，人们对于世界文化和地域文化之间的联系产生了新的见解，对本社会、本民族的社会文化价值投入了更高的关注，并在产品设计中注入相关信息，所以这些产品很容易引起人们对过去的文化的联想。在文创产品设计中，文化要素主要包含两个方面的意思：①纵向的历史性文化，即文脉，原指文学作品中的"上下文"；②语言学中的语境，即语言的应用情景，引申为一种事物与其他事物在时间上存在的关系。

2. 创意要素

人们将文化信息以及知识视为重要的新生产资料，并将人类的创意视为推动经济发展的主要源泉之一。文创产品中的创意是在产品的设计和生产中经过对文化的创新构思得出能够满足消费者精神、文化需求的设计和生产方案。因而，文创产品中的文化并非纯粹地挪用、照搬传统文化，而是在一定经济意识的基础上进行传统文化的再创造，从而与现代人的审美情趣和生活方式相适应。

文创产品正是通过创意将文化要素融入功能与实用性，成为可供使用和欣赏的产品。这里的创意与产品设计中的创意有所区别，它更加注重文化的创意。文创产品的创意并非旨在契合产品的实用性，在更大层面上是通过精心的设计使文化体现在产品的表现形式和使用过程中，让使用者感到放松、愉快，增添生活的趣味性。

文创产品的创意都有实际的源头，它的主要来源主要包括以下方面：一是来自对生活的关怀和理解。这方面的源头主要包括个人的生活经验或思想感悟，比如个人心中所想的美好生活、从身边人处听来的故事、在网上浏览的信息等，这些都为文创产品设计提供了丰富的养料。二是来自对社会的认知和理解。具体的个人组成了社会，社会又以共同价值观、流行风尚等形式影响着每一个人。每一个人对文创产品所持态度均不同，而这些态度综合起来就形成了社会的价值观念和消费定位。因此，建立在洞悉社会价值观念和消费定位基础上的创意是文创产品设计所必需的。三是来自对历史、地域文化的探索。文创产品创意的这一源头主要是设计师对有关自然环境、风俗人情的文脉，或是神话、传说，以及精神层面的信仰、宗教等内容的深层研究。

3. 符号要素

象征是运用某些符号来表达相应的意义，创造符号是人类区别于动物的关键特征之一。文创产品之所以能被冠以"文化"二字，也是因为其应用产品的造型来表达一种文化内涵，从而使该产品成为承载该种文化的符号。

文创产品便是借助合适的创意技巧来塑造产品的形态与运用环境，文创产品的符号性可以表达出下列层面的文化意义：

（1）对于流行审美文化的符号表达。消费者根据文创产品的造型对产品产生感性认识，再由感性认识延伸出深层的感觉和情感。在固定的时代和地域中，人们对各种流行审美文化（如柔美、轻盈、高雅、新奇、科技范儿、活跃感、趣味性等）的理解是相同的，但在不同时代和地域中，人们的认知却不同。可见，消费者对产品产生的感觉和情感会在社会文化发生改变时随之产生变化。

（2）对于消费者自身文化符号认同的表达。每一个消费者的生活环境、学识修养等都是不同的，因而在生活品位、思想水平和艺术鉴赏能力等方面都表现出了不同的文化符号认同特征。文创产品设计正好利用了产品在环境的影响下能够产生特定的含义，以此满足消费者在流行时尚、社会审美价值等方面的执着向往。

（3）对于历史文化、流行文化或是某种特定文化的符号表达。文创产品通过自身的叙事抒情表达特定的情感、文化感受、社会主义、历史文化意义，或者仪式、风俗等文化意义及相关意识形态。文创产品的这些内涵可通过图腾、吉祥物、标志、特定图案等组合进行表达。

4. 体验要素

体验是指人在某种与物或者事发生关系的活动中产生的主观心理感受。这种心理感受能使我们感受到现实中的真实，并在大脑中浮现出深刻的影像，促使我们回忆起某个生命瞬间，从而对未来有所感悟。文创产品不但具有具体可感的物质元素，而且还能够带给人们体验性的心理感受。文创产品中的体验则是指用户在用完产品之后在主观上产生的一种感受，其具体表现如下：

（1）视觉冲击。视觉冲击是激发文创产品体验要素的首要环节。现在许多文创产品设计虽然对理念的逻辑性和造型叙事的抽象性都十分关注，但是对视觉冲击对人脑的刺激作用有所忽视，所以未能引发人们产生相应的联想，自然也没有形成相关体验。

（2）方式合理。文创产品与用户之间的沟通纽带是使用方式，合理的方式可以有效帮助人们快速、正确地理解产品所要表达的内在含义。

（3）内容契合。文创产品中最重要的附加价值内容是文化性要素，它通过产品设计的叙事性阐述在用户的使用中"移情"为能够传达情感的体验要素，以达到抒情的目的。同时，要想用户能够顺利地完成体验，这些文化性要素就必须与产品的性能、使用环境的"文脉"相契合。

5. 审美要素

"美"可以意味着一种生理层面的满足，也可以代表着一种赞赏心态的显现或个人精神的追求。文创产品的审美更加强调的是后者。文创产品的审美要素主要包含以下三个方面：

（1）形式艺术美。文创产品的审美与感性因素存在密切的联系。文创产品的构成形式包括点、线、面、体、颜色等，它们共同构成的产品艺术性能够与消费者内心深处的节奏、韵律、比例、尺度等形成一种同构关系。消费者内心的情感会与他们面对点、线、面等理性形式而形成的直观感受产生同构，并进行"移情"，使产品的理性形式与消费者的感性趣味相融合。

（2）功能材料美。文创产品的审美与功能材料的目的性也有着不可分割的联系。不存在于一种功能良好结果的感受之中，而存在于在产生结果之前的某一时刻被人们所领会的功能本身的表现之中，领会一部机器或一种建筑的功能美，便是使时间暂时停止和延迟使用，以便凝视其造术。文创产品的功能材料美能够让人们的内心感受十分舒适和满足，此处的功能材料美和其功能实用性具有本质的差异，属于一种审美价值的彰显。

（3）文化生态美。文化生态美不只是表现出人与自然的和谐，更体现着生活方式以及社会生活的脉络与系统。在文创产品设计中，文化生态美主要以人们对传统的向往为中心进行探究，使人在审美的过程中得到精神上的回归。例如，人们在工业社会中享受了科技带来的便利，但同时也感到了快节奏生活所带来的身心疲惫，因此人们渴望能够回归传统的田园牧歌生活，在审美的状态下找寻曾经的精神生活。

二、中华水文化的文创产品创意设计实践

（一）都江堰水文化的文创产品创意设计

中华文明源于治水，水文化遗产是历史时期人类对水的利用、认知所留下的文化遗存，以工程、文物、知识技术体系、文化活动等形态而存在。都江堰水文化遗产不仅作为中华民族的文化摇篮，亦是"天府文化"的源头，是两千多年来维护以及修建过程中，一代代人传承下来的精神财富和物质财富，是人、水、堰、文化、社会、经济之间的枢纽，映射出我们中华民族与水的相互联系。都江堰水文化遗产核心在于我国古代先民治水、用水，体现在中华民族改造自然、尊重自然、坚韧不拔的精神文化，是中华民族治水文化的集中代表。都江堰的水文化蕴含着道家"道法自然""天人合一"的哲学思想。顺势而为，以无坝引水，实现自动分流、排沙，是古代治水科学技术的典型代表。

1. 设计元素提取

（1）设计元素提取。都江堰水文化遗产留给我们的不仅仅是表象的水利工程、文物古迹，更有古代先民的博大治水内涵。识别性是指对物质形象的整体描绘和反应，以都江堰水文化底蕴的厚重感和深度性为基础，深入挖掘水文化价值，利用产品语义学收集、筛选

与都江堰水文化相关的文化元素，进而提炼出都江堰水文化设计元素。

（2）色彩提取。都江堰水文化文创产品色彩应用主要体现在物质文化元素方面，选取具有代表性的都江堰山水等自然风貌。如安澜索桥、二王庙等建筑色彩、杩槎、卧铁等文物色彩，以蓝色为主基调，如海涛蓝、景泰蓝等色，以碧青色、美蝶绿、玉红、茉莉黄为辅助色，构建都江堰水文化文创产品色彩系统，并在文创产品设计中进行应用。

2. 都江堰水文化遗产的文创产品设计

（1）应用水文化符号元素，将都江堰的文化特点融入各种文创产品中。这些符号元素可以包括水流、堤坝、水车、龙头等与都江堰紧密相关的图案和符号。通过在文创产品上应用这些元素，可以增加产品的文化内涵，使人们更容易联想到都江堰的水文化。这些符号元素可以应用在各种产品上，如服装、饰品、文具、装饰品等，为产品赋予独特的文化价值。

（2）开发寓教于乐的科普文创产品。都江堰是中国古代水利工程的杰出代表，具有深厚的历史和文化内涵。为了传承和弘扬这一文化，我们可以设计各种有趣的文创产品，以娱乐的方式教育人们了解都江堰的历史、工程原理和文化价值。这些产品可以包括立体拼图、沙盘模型、互动书籍、游戏和虚拟现实体验等。通过这些产品，人们可以在娱乐中学到更多关于都江堰的知识，激发他们的兴趣，从而更好地理解和珍惜这一水文化遗产。

（3）打造都江堰水文化的 IP（知识产权）① 视觉体系。IP 是一种独特的文化符号，可以帮助人们更好地理解和认识都江堰的水文化。这个视觉体系可以包括各种标志、图标、字体和颜色，以及与都江堰相关的重要元素。通过建立统一的 IP 视觉体系，我们可以让人们更容易识别和记住都江堰的水文化，从而提高文化传承的有效性。这一视觉体系可应用在各种文创产品上，如文化衫、明信片、书籍封面等，使这些产品更容易与都江堰的水文化联系起来。

（二）桂林水文化的文创产品设计

随着网络自媒体的迅速发展，网络上丰富旅游咨询为青年群体实现更加个性化的旅游方案给予更加充分的保障。相较于传统的观光型旅游，休闲游、体验游也逐渐成为青年群体喜爱的旅游方式，随着旅游产品深度方向的加深，出现了猎奇探险、角色化妆扮演等旅游项目。

---

① IP 是英文"Intellectual Property"的缩写，中文翻译为"知识产权"。它是指人类在创造性活动中产生的知识、创新、创意和创造性表达的产权。

1. 桂林水文化的境界

桂林山水中的文化印记，桂林山水甲天下这句话家喻户晓，强化桂林风光的山水之美，天人合一指的是自然与人文的交融，天工与人力的合作。桂林正是一座自然与人文交融、天工与人力合作，文化积淀丰厚的山水城市。桂林山水已经成为人化的自然，人化的自然简单的说，就是在自然中注入了人的因素，人与桂林山水相遇的境界如下：

（1）象形。象形意味着将自己的知识加之于桂林山水，象山、骆驼山、猴山、鹦鹉山等通过象形的思维山水与人的距离不再遥远，山水与人的关系也不再陌生。

（2）驯化大自然的本质是野性的。但桂林山水经过人类千百年的亲近，仿佛被驯化了，这其实说的是桂林山水被驯化的感觉，盆景实际上就是被驯化的植物，桂林山水就是被驯化的风景，在桂林山水无处不在，大街小巷、机关庭院，甚至老百姓住房里，我们都可能遇到山、遇到水，山水就像桂林人圈养的动物，亲近着每一个桂林人。

（3）感动作为人化的自然。桂林山水模拟着人的形态、情态和动态沾染了人的灵性、移植了人的品格，甚至成为人的化身，具有人格的桂林山水是可以感动人的，具有净化心灵，提升人格的力量。

2. 桂林水文化的表现形式

桂林水文化伴随城市的发展，表现形式多种多样、丰富多彩，有历史的水利工程遗产与现代的河道景观，也有水的文化、水的哲学与水的艺术等丰富精神内涵，它们早就融入桂林城市发展的方方面面，独步文坛的临桂词派；别具声韵的水墨丹青；仰望千年的摩崖石刻，都是桂林水文化在这片土地上的绝美表现形式。晚清时期桂林文化发展水平达到了领先全国的水平，其标志就是桂林学子在科举上取得前所未有的辉煌，由于这些底蕴，直接促成桂林文化的崛起。

3. 桂林水文化文创产品的创新设计方法

（1）地域文化提炼。地域文化符号是指在其地域范围内具有突出可辨识性的，地理自然条件、历史民族风俗、乡土文化风情。不同的地域包含不同的自然地理特色与精神人文内核，一个地区的文化传统、历史遗存、人文风俗等，转化为更为简洁通俗易通的符号，以便更好地传达精神情感内核，这样的转化过程可以称之为地域文化符号的提炼。文化符号浓缩了社会发展历史与地域自然环境的演进，随着大众对文化精神内涵的不断追求，通过对地域文化不断的深层次分析探究，进一步加强地域文化可持续健康发展的基础，充分地保存了地域文化特有的精神魅力。

文创产品设计承载着地域文化内涵与想象，充分利用产品语义学、符号学的方法，将地域文化元素更好地提炼升华与重塑，在文创产品中给予充分合理运用，可以更有效的提升产品品质。

（2）情景故事设计法。情景故事法，又可以称为剧本故事法，这种设计方法借由情景分析，把设计师从现实世界带到产品未来使用场景之中，从操作程序分析到使用环境的整个过程中。同时，帮助设计师将观察所得的咨询连贯起来，从中领悟经验心得作为创新设计的来源与根据。利用不同消费者的特性，发展情景故事，可以更好地使设计师从不同的观点去设想不同的使用者，如何以不同的方式去使用产品。

第二节　中华水文化在乡村旅游中的开发利用

一、乡村旅游的特性

（一）乡村旅游的本质

乡村是人类社会中的一种普遍的地域形态，以农业活动为主的小聚落模式的生活区域可以被称为乡村地区。乡村旅游定义为一种发生在乡村区域的旅游活动，而乡村文化是吸引旅游活动开展的主要物质，乡村旅游的开展是为了提升当地村民的经济收入，为此当地村民可以从乡村旅游活动中获得相应的收益，只有同时满足这三个条件的旅游活动才能称之为乡村旅游。

旅游者旅游的本质目的是获得愉悦和审美，乡村旅游的本质也一样，是为了满足人们心理文化需求而进行的一种愉悦和审美活动。中国人的"乡土情结"和"田园情结"正是这种心理需求的集中体现，在人们心底积淀的乡土意象和乡土情结是乡村旅游吸引力的内在支撑。

从旅游业的角度讲，乡村旅游是一个新的发展方向，乡土田园情结是驱动着旅游者到乡村去旅游的根本动力。激情满怀的乡村旅游者，他们到乡村或是寻梦，或是忆旧，或是体验和感知，或是看乡村的新变化……乡村是一幅清秀的山水画、一首淡雅的田园诗、一曲淳朴的民俗歌，让人沉浸在忘我的境界中。发展乡村旅游的终极目的是实现人的精神自由与解脱，通过"身游"与"神游"把人们的身心从物质束缚与精神压抑中解脱出来，在"畅游"的心境与状态下，充分享受生命和自然之美，推动和实现人的全面发展。所以，乡村旅游是城市化发展的必然产物。

从新农村建设的角度讲，发展乡村旅游是优化农业产业结构，促进生产发展，构筑现代乡村田园环境的有效手段。发展乡村旅游，可以有效利用"三农"资源，把农业生产过程、农村田园环境、农民劳动生活、农副产品作为旅游资源进行加工转化，形成旅游产品并推向市场，有利于促进农业结构调整，拓宽农业发展的内涵和外延。发展乡村旅游，可以创造就业机会，农民参与和主导旅游产业与服务，避免城市新二元结构与"两栖"劳力的尴尬。发展乡村旅游正是新农村建设中优化农业结构、发展农副业生产的有效手段，也是乡民构筑乡村田园理想的契机。

（二）乡村旅游的特点

1. 乡村性

乡村以其优美的田园自然风物和特色的传统风俗民情，带给人们不同于城市的生活体验。乡村也有着不同于城市的生活饮食习惯，能够让那些来自都市的疲惫的游客获得短暂的放松，重新获得轻松与愉悦。乡村以其优美惬意的风光和家常温暖的菜肴吸引着人们的到来，并且给人们一个放松和休息的空间。

乡村性是乡村旅游的根本特性，是乡村有别于城市的地方，也是乡村能够从城市地区吸引游客的主要原因。乡村富有特色的传统生活方式，各种农业劳作器具和农村生产体验等，吸引着城市游客的注意力，带给他们旅游的新奇感和愉悦感。人们来到乡村，可以享受乡村的慢生活，品尝乡村烧烤，坐在星空下看星星，游览在充满田园风情的景物中，深入乡村、了解乡村，并获得乡村旅游的快乐。

2. 费用低

旅游在很多时候都被认为是一项高消费的活动，但是乡村旅游却有别其他旅游，乡村旅游以其低消费的特点吸引着大量的中低收入水平的游客，乡村旅游消费较低的一个原因是，旅游经营者为当地的农民，他们依靠现有的资源服务游客，没有太大的前期资金投入，也没有很高的成本费用，乡村旅游的开发成本降了下来，乡村旅游的消费水平也就相应地较为低廉。

3. 景观丰富

乡村旅游向游客展示的是历经千年积淀并传承至今的生态文明和农耕文明，乡村的一草一木无不具有鲜明的地方特色和民族特色，以及浓厚的乡土气息。乡村的自然风光清新质朴，乡村的风土人情独具魅力，乡村还有风味独特的菜肴、古朴的村落民居、原始的劳作形态、传统的手工制作。这些"古、始、真、土"的景观特质是乡村特有的资源禀赋，吸引着城市居民到乡村开展丰富多元的旅游活动，如风光摄影、古镇怀远、秘境探险等。

4. 时空多样

乡村地区的景物风光在不同的季节表现出不同的形式，而不同地区的也有着不同的乡村风物。因此多样的时空是乡村旅游资源的一个显著的特征，主要表现为季节的差异和地域的差异。地区的自然气候条件，地形地貌条件等影响着乡村地区人们的生活和发展，形成不同的风俗习惯，因而不同地区旅游有着显著的差异。

季节差异是影响乡村旅游的重要因素，因为乡村旅游的开展在很大程度上依赖于自然植物和农作物等的情况，依赖乡村地区的气候和环境，这些因素在不同的时间有着不同的表现。因此，随着季节的变化，乡村地区的旅游资源也呈现出不同的面貌。乡村在一年四季都呈现着不同的形态，乡村景物的四季变化带来不同的风光，也带来了各种应季的食物和特产，但是乡村旅游常常存在着明显的淡季和旺季，这导致了乡村资源的空置和乡村居民收入的季节不稳定性。

5. 参与和体验

乡村旅游在旅游方式上与城市旅游有很大的区别，城市旅游往往是偏向纯观光的旅游方式，而乡村旅游可以让你拥有参与感。游客来到乡村以后，不仅能够欣赏到美丽的自然田园风光，还能够参与到一些具体的农家活动中，去体验一番劳动的乐趣。来到乡村旅游的人们不再是纯粹来欣赏风景的观光客，而是能亲自走到田间地头去感受最淳朴的乡土风情的参与者，去体验最真实的农家生活。

乡村旅游所具有的体验性特征是许多游客被吸引而来的原因。乡村旅游不仅包括观光游览活动，还包括娱乐、健身等体验性旅游活动，既能让游客观赏到优美的田园风光，又能满足其参与的欲望，使游客在农耕农忙中获得全新的生活体验，乡村旅游内容广博，集观光游览、康养保健、休闲度假、寻根访祖、科普研学、民俗体验于一体，适应了当前旅游消费结构的多元化、个性化需求。

长期生活在城市里的群体是乡村旅游的主要参与者，这个群体中有一部分属于是城市的居民，乡村生活对他们来说是完全陌生的，从而对乡村产生了好奇和向往，另一部分人原本就来自乡村，但是他们远离熟悉的乡村生活的时间已经太久了，乡村旅游是一个契机，他们试图借此机会去找回那段深埋心底的珍贵回忆。基于这样的背景，游客对乡村旅游的体验性自然会特别在意，因为这段旅程能让他们获得全新或曾经熟悉的生活体验。

6. 城市为依托

乡村只会对城市形成吸引力，由于乡村的自然生活和生产形态，乡村旅游只能以休闲为主，而乡村观光的素材也远远不如自然或人文景观甚至也没有城市建筑景观丰富。浓厚的乡土气息是乡村旅游的特色之一，所以乡村旅游对原本就生活在农村的人来说，是没有吸引力的。城市的氛围，让居民对乡村旅游满怀憧憬和期待。

7. 可持续

乡村旅游具有显著的社会效益、经济效益和生态效益，有利于实现人与自然、人与社会的和谐相处。乡村旅游"三生（生产、生活、生态）一体"，既能保证农业生产功能，又能带动经济效益显著提高，因此是一种可持续旅游。

近年来，流行的休闲农业，依托于乡村原生资源，对其加以整合性开发利用，延伸农业传统生产功能到观光、休闲、采摘、加工等产业链条，特别是采摘项目，采摘为农户带来的可观、持续而稳定的收入，同时还节省了雇佣人力成本以及农产品运输、存贮、销售成本，成本低、投入少、见效快。

（三）乡村旅游的功能

第一，缓解压力。乡村旅游的一大特色是休闲，乡村生活有着不同于城市生活的慢节奏，人们日出而作，日落而息，沿袭传统的吃穿住行，乡村生活是都市中人释放生活和工作压力的一个方式，旅游者达到乡村后，放下沉重的负担，遗忘生活的烦恼，释放心中的压力与不愉快。乡村旅游是缓解压力的好去处。

第二，改变乡貌。随着乡村旅游的发展，大量城市居民涌入乡村地区，带来了新的思想和观念，冲击着乡村地区的居民，开阔了他们的视野，思想观念得以更新。乡村的生态环境、社区居民的精神面貌、乡风文明等得以改观。

第三，审美享受。乡村地区的自然风光给人以心旷神怡的感受，具有很高的自然审美价值，田园生活是很多都市中人的梦想，而归园田趣是我国流传久远的传统意趣。乡村有着清新无污染的空气，有着生态绿色的蔬菜瓜果，有着别样的农村田园生活精致。长期生活在城市中的人们，有着繁忙的生活，生活环境缺少田野和天空，当他们来到乡村，会有一种非常愉悦的审美感受，这就是乡村的审美功能。

第四，教育体验。随着城市化的不断发展，很多的儿童从出生以来就生活在城市中，他们对土地和农作物十分陌生。很多家庭常常带着儿童一起去乡村地区旅游，以便在旅游的过程中，教会儿童关于农业生产和大自然的知识。儿童可以通过参与农业游戏了解关于农业生产的秘密，也可以在品尝乡村菜肴的过程中了解植物和蔬菜，儿童在愉悦的乡村游玩过程中学习到关于自然的知识。

第五，文化传承。在中国的城市化进程中，比较显著的特点是，城市都是千篇一律的发展模式，但是乡村地区却保留着很多传统的要素，保留着民族古老的生活生产习惯和建筑聚落、民俗节日灯光。可以说，乡村地区是民族文化的一个保留地，因此城市居民可以通过乡村旅游了解传统文化，了解民族传统久远的古老特色风物。

第六，居民致富。以乡村旅游的发展带动乡村地区的发展，将城市的资源向乡村地区引流，让城市发展带动乡村发展，从而提高乡村地区的经济水平，提高乡村居民的收入水平，是我国发展乡村旅游的重要意图。随着乡村旅游的开展，大量的流动人口涌向乡村地区，他们有着很大的消费潜力，因此很多资本看到商机也会涌向乡村地区，进而推动乡村地区的发展。乡村地区的产业发展和基础设施建设又为乡村居民提供了大量的就业机会，乡村居民有了实现自身价值的地方，并且获得劳动报酬，这一系列的产业发展改变着乡村地区的经济面貌，提高乡村地区居民的生活水平，从而走向富裕。

（四）乡村旅游的主要内容

旅游的六大要素是"吃、住、行、游、购、娱"，乡村旅游的内涵是以乡村文化为主的"乡村性"。乡村旅游的主要内容就是乡村性在"吃、住、行、游、购、娱"等方面的具体表现。

第一，"吃"。美食对于中国人而言是一个永恒不变的话题，美食不仅可以填饱人的肚子，同时各个地区的美食也蕴含当地的风土人情。通常情况下，美食也是乡村旅游资源中的重要组成部分，美食不仅是为了让游客充饥，同时也是为了让游客更好地了解当地的民俗风情，并让游客体验与城市不同的乡村饮食文化。游客通过亲身体验采摘、烹饪等美食制作工艺，可以体丰富多彩的乡村饮食文化，并从中感受到乡村饮食的乐趣，进而达到休闲、娱乐的效果。我国幅员辽阔，民族众多，不同的地区和不同的民族就有着不同的饮食文化。尽可能地突出自己地方的、民族的、传统的"吃"文化，是吸引客人的重要手段。

第二，"住"。居住在旅游中的地位也很重要，要想办法让客人住下来，这也是乡村旅游收入的重要组成部分，它可以有效提升当地居民的经济收入。为此在开展乡村旅游过程中务必要治理好乡村的居住环境，为游客提供一个干净、舒适的乡村居住环境。此外，乡村民居的建筑物的风格不仅要结合当地的民风，同时也要最大程度上满足游客的审美需求。另外，还要注重乡村旅游民宿的内部设计，充分保留乡村的原汁原味，同时也要做好卫生工作。总而言之，如果想要搞好乡村旅游，务必要将乡村旅游打造成休闲旅游和度假相结合的旅游模式，而实现这一模式的前提是解决好"住"的问题。

第三，"行"。旅游离不开"行"，乡村旅游也不例外。伴着夕阳，漫步在田间地头；骑着骏马驰骋在旷野；坐着牛车颠簸在弯弯的乡村小路。这些都是极为惬意的享受与休闲，也是乡村旅游的卖点。问题是如何来策划、组织和实施。

第四，"游"。即游览，乡村可游览的东西很多，如乡村聚落、民居、梯田、果园、牧场以及绚丽多彩的自然风光。要想办法把乡村打造成一个极富乡村文化特色的大"花园"，让客人流连忘返。

第五，"购"。即购物，乡村旅游的可购之物主要有两大类：①乡村土特产。一般情况下乡村的土特产主要有水果、有机蔬菜、家禽及其附属农产品。②具有当地特色的手工制作品。通常情况下，这种产品主要有纪念品、民族服饰、民族装饰等。在开展乡村旅游活动时，我们可以将购物环节融入"游"与"乐"之中，如让游客参与水果蔬菜的采摘，让游客参与手工制作，通过这样的方式让游客感受其中的乐趣。

第六，"娱"。即娱乐，一般情况下，乡村的节日庆祝和婚嫁活动具有较强的娱乐性。通过深入挖掘乡村的民俗风情，同时提升其参与性和体验性，也是乡村旅游发展的重要内容。

总之，乡村旅游有助于城市对乡村带动，有助于国民经济的增长，有助于发扬地区的特色。

二、水文化在乡村旅游的开发路径

乡村地区依托当地水文化资源发展特色和差异化旅游，是当前农村发展特色经济的必然趋势。

（一）乡村水文明的文化感知、开发模式与路径

乡村地区的水文化遗产及水利工程具有保护完整、开发利用较少等特征，与周边的自然风景和古朴的民风相结合，由此而来的年代感和文化氛围更加浓郁。在历史水系恢复地区应因地施策，打造亮点水文化区域。围绕区域景点和文化遗产，建立系统的解说体系。作为中国传统文化外显的水文化遗产，需要特别注重水文化遗产精神和名人事迹在旅游中的表现，通过讲述典型的水文化遗产故事，让游客得到更有教育意义和高感受性水文化体验效果。可举办民俗活动和展览宣传活动等，让游客通过丰富多样的活动，了解其历史文化内涵。同时在保护水文化遗产的基础上，进一步塑造乡村滨水空间和水文化景观。

对于遗产旅游产品，可增强水利工程遗产的先进性和艺术性，让旅游者欣赏到水利遗产的"中国元素"。可加强水文化遗产目的地文化教育环境的建设，增强知识性水利旅游的品牌塑造以及实施水利文化遗产科普工程，水利科技夏令营和水域科考探险活动。运用水工模型，开展水科普宣传等；还可以利用现代科技与艺术手法开展研学活动来展现水利

工程和治水文化的魅力。讲好每一条河流和湖泊故事，搞好河长制工作，全面了解河湖文化背景，科普介绍地方重要水工建筑物，概述水利史上治理河流的事迹，并就治水技术，治水名人以及治水经验和成果等做好宣传，在水利遗产旅游中刻下清晰的知识烙印。

（二）乡村水生态的观光游览开发模式与路径

乡村水生态中的江、河、湖、海、泉、瀑、沟、溪等有着其固有的淳朴、乡野气息，将其固有景色与特定背景关联起来进行特色景观开发，不仅可以提升水生态文化的功能价值，也可以丰富乡村景观的美感。同时，乡村水生态景观是人们的一种感情寄托，例如村头的一口古井，滋养了万物，是游子思乡的寄托，是我国人内心最深层最底层的情感。乡村水生态旅游要在维护河湖的自然特点，以及有效保护的前提下进行开发。

第一，乡村水生态旅游的开发模式应强调可持续性。保护自然生态系统是任何旅游开发的首要任务。因此，在规划和开发过程中，必须充分考虑水生态系统的脆弱性，确保游客的活动不会对其造成破坏。采用生态友好的建设和管理方式，如建立生态保护区、制定严格的游客行为规范等，以保护水生态系统的完整性。

第二，特色景观开发是乡村水生态旅游的关键。在保护水生态系统的前提下，将固有的景色与特定背景相结合，创造出独特的乡村水生态景观。这可以包括打造生态步道、观景台、渔村文化展示等，以吸引游客并提升景区的吸引力。同时，特色景观的开发也可以为当地居民提供就业机会，推动乡村经济的发展。

第三，文化挖掘与传承是乡村水生态旅游的一项重要任务。乡村水生态景观不仅是自然景观，还承载着丰富的文化传统。例如，乡村的古井、传统渔村、民俗活动等都是具有文化价值的元素。通过挖掘这些文化资源，可以为游客提供更丰富的体验，同时也有助于传承和弘扬当地文化。建立文化展示中心、举办传统节庆活动等都是推动文化传承的有效手段。

第四，乡村水生态旅游需要注重社区参与与教育。当地居民应该参与到旅游开发中，分享经济收益，同时也要受到保护水生态的教育。通过开展生态教育活动，让游客了解水生态的重要性，提高他们的环保意识，从而减少对水生态系统的破坏。

（三）乡村水建筑的休闲度假开发模式与路径

我国要充分保护乡村当地的历史建筑及古朴民居，将特色文化和艺术创作融入当地的民宿中打造民宿的特色"水文化"氛围，建立"水文化"民宿品牌。

休闲微度假已成为乡村旅游供给侧结构性改革的重要环节，针对乡村不同的地理特征和特色，结合周边水体资源，打造诸如森林康养、温泉养生等特色主题民宿，提供颐养健康、亲子休闲等多种功能类型的度假模式。河岸具有近水亲水的优势，可在民宿附近的河岸附近设立垂钓，休闲，拍照等水上打卡活动，让游客充分体验原汁原味的水乡休闲生活。

乡村民宿能够很好地将乡村所处的自然的山水环境和当地传统的建筑式样相结合，打造一个风格独特的民居样式，不仅美化乡村民居的环境，而且满足了人们内心所憧憬的乡愁之情。

（四）乡村水风俗的民俗体验开发模式与路径

在我国不同地域、不同民族有着各具特色的水风俗文化，而这些风俗多源自乡村。亲水是人的木质属性，人对于水具有天然接近的心理和原始木性。因此，根据乡村当地民俗设计亲水体验项目，是乡村发展深层次水文化旅游的重要形式。

民族节庆遗产的活动性较强，它能够让乡村游客介入进来，让乡村游客有更强的体验感。乡村旅游在其持续发展过程中变得更为开放和宽容，使得游客由游览、度假模式转向参与和体验的模式，从而使得乡村游客生活体验感得到增强。与水文化相关的节庆活动如泼水节，赶摆和泼水让乡村旅游者在深度参与的过程中减轻压力，放松心情，也增进人际交流和沟通。

南方稻山耕作地区的用水习俗是农业生产中的重要元素。农户在进行农业耕种时水是贯穿始终的，这对于城市居民而言是一种别样的亲水体验。这种农耕场景从视觉和亲身体验两个层面吸引着城市居民。可设计在水山中体验拔秧市、插秧、割禾，举办插秧比赛，进行插秧直播等项目，针对青少年设计体验泥塘捉泥鳅、古代踩水车等项目。

三、水文化在乡村旅游中的发展实践——以邯郸为例

作为国家历史文化名城，近些年，邯郸市高度重视旅游业，确立了把邯郸打造成为世界旅游重要目的地城市的战略目标。

邯郸是著名的成语之乡，邯郸几千年的文明发展与水有着密不可分的联系，在漳河、滏阳河、洺河、卫河、渚河、输元河等河流哺育、滋润下，邯郸几千年的文化血脉相承，直到今天，赵文化依然在我国文化脉系中占有重要的地位。如今，在传承源远流长的水文化中不断融入新时期人水和谐的全新理念，以水资源可持续利用支撑经济社会可持续发展，让这座历史悠久的古城焕发新的生机与活力，是历史赋予我们的崭新的课题。在生态文明建设的大背景下，充分利用邯郸首批水生态文明城市的有利条件，进一步挖掘水文化

的内涵，不断提升水生态文明建设，通过做好水这篇大文章，以达到振兴我市乡村旅游业的发展目的。

（一） 挖掘水文化遗产，传承发展水文化

邯郸市历史悠久，作为战国时期的政治经济文化中心之一，创造了丰富的文明成果，水文化是重要的内容，其中漳河尤为历史悠久，具有十分丰厚的文化内涵。千百年来，漳河水养育了沿岸万千黎民，他们的生产生活与漳河紧密相连：邺城当地的水利工程、地名、读语俗语、成语典故、乡风民俗以及发源于邺地的建安文学都折射出漳河独特的水文化。

漳河的兴起可以追溯到战国时期西门豹治邺时期，西门豹在任内破除河伯娶媳的恶习，发动百姓开凿了十二条渠道，引漳河水灌溉农田，使盐卤之地变为良田，邺地逐步繁荣。

与漳河有关的成语典故，如曹冲称象、相煎何急、铜雀春深锁二乔、自相残杀等所呈现的一个个鲜活历史片段赋予了邺城深厚的历史文化底蕴；此外，"围魏救赵""漳水之盟"和"破釜沉舟"等以成语典故记录下来的与漳河有关的战争史实，则凸显出古人的智慧与勇气，是漳河留给后人的文化财富。

总之，仅漳河就拥有如此丰富的人文内涵，在邯郸境内，还有众多像漳河一样具有悠久历史的河流、湖泊，它们既是大自然神奇造化的产物，又给后人留下了丰富文化积淀，把这些显性的水文明遗迹修复整理，给人们增加了休闲的场所，梳理其发展脉络，挖掘其深厚内涵，人们畅游其中，遐思品味其内在隐形文化积淀，无疑会使人们增长知识，同时也达到发扬光大邯郸悠久历史文化的目的。

（二） 大力挖掘红色水文化——陶冶情操、精神升华

邯郸西南部山区自古以来干旱缺水，为了解决这个问题，邯郸人民举全市之力，修建了著名的跃峰渠。

跃峰渠，顾名思义穿山跃峰、奔流不息之意，是 20 世纪六七十年代修建的引漳河水入邯的大型水利工程，它贯穿涉县、磁县、武安、峰峰矿区、邯郸县等五个县区。它举全市人民之力，其工程规模、施工难度远超闻名全国的红旗渠，被誉为"人间天河"。

跃峰渠水利工程不仅具有实用性，也改变了邯郸西部山区的生态环境。跃峰渠身处群山峻岭之间，有亚洲地区跨度最大的砌石拱形渡槽险峰渡槽，有长达十余里的隧洞十里洞，工程气势恢宏，蔚为壮观，工程本身就是一道景观。跃峰渠依太行，傍漳水，沿线风

光旖旎，美不胜收，温度湾红叶、百丈冰山、漳河小三峡、药王谷等自然景观风韵独特，旅游事业的发展潜力巨大。

（三）绿色生态旅游——人与自然的和谐相处

经过多年的努力，邯郸市已经建成了东西部多样的湿地、湖泊、河流水域等旅游项目，邯郸东部魏县、广府古城景区水城结合，古城保存完整，乡村气息比较浓厚；西部拥有以京娘湖、青塔湖为核心的湖畔湿地风光；东南部平原地区，依托水系形成了自然优美的现代农业产业园、农家乐园。

第一，转变观念，积极培育游客的参与意识。由过去的观光到鼓励游客亲身参与，不仅是理念的改变，更是旅游品质的提升，倡导绿色体验游应以现代农业观光园、湿地公园和郊野农家乐等为重点。

第二，建设现代农业观光休闲基地。打造特色鲜明的现代农业观光园，依托现代农业技术，以现代农业科技展示、现代农业成果分享、农事体验、生态美食为体验重点，构建现代农业观光休闲基地。

第三，加强湿地公园建设。应对湿地公园进行综合开发，如结合湿地保护，集中展示北方特有的湿地景观和湿地文化。可以设立湿地动、植物资源观光区和休闲科普区，在观光、游览美景后，接受一次自然湿地风光与生物科普知识教育；也可以利用湿地优美的环境，建立湿地风光摄影基地，通过多种方式的开发和利用，湿地将成为人们不同角度、不同层次观光、体验、休闲、度假的场所。

第四，提升乡野、郊外农家乐的品质。各地农家乐经营多年，要进一步提高品位、提升品质，以满足游客的更高层次的需求。可以利用邯郸众多的河湖、水域打造体验型、互动式农耕文化旅游观光区，开发生态农庄、农业休闲游、乡村水乡游等产品，突出原生态特点，使人们从城市的喧嚣中得到心灵的净化与思想的解放。

（四）因地制宜、打造亮点、形成特色

第一，要统筹规划、因地制宜，通过传承水文化、达到形成亮点、突出特点的目标。如针对老龄化人口不断增加这一现实，倡导养生旅游满足老龄化人口需求；针对人们压力大、亚健康人群增多的现实，打造康复与疗养为主题健康旅游产品，通过多种类、多层次的产品开发，以满足不同种类群体的生理和心理需要。

第二，结合滏阳河水道整治，在河岸修复兴建古村镇，打造河湖、山水休闲、心灵休闲之所。完善水上乐园、文化休闲、户外拓展等活动项目，打造滨水景观，形成系列文化

特色展示，逐步成为集游览观光和文化运动多功能于一体的乐园。

第三，合理开发利用河湖空间，打造环河湖生态廊道，以乡野情趣为主题、致力于打造集休闲、体验、娱乐于一体的原生态体验示范区。

（五）综合开发、构建贯通全市水网工程

为建设慧水城，邯郸通过整体规划，整合资源，大力进行贯通我市的水网建设，成为集灌溉、供水、防洪、生态、景观、文化、旅游、交通等多功能为一体的综合工程，把沿河流、湖泊的旅游景点连接起来，通过生态水网综合开发和城镇水文化、水景观建设，实现水与旅游的融合，不断培育更多的生态水网旅游精品观光项目。

现在，邯郸市已经制定出"分区配置、纵横互补、河库相连"的大水网体系，下一步的重点是结合智慧水城的建设，进一步优化水资源配置格局，打造以水为脉、以文为魂、以绿为韵的水环境，促进邯郸绿色崛起。

第三节　中华水文化与旅游产业融合发展探究

中华水文化与旅游产业的融合发展，为中国旅游业带来新的机遇和活力。通过水文化体验式旅游、水文化资源开发与水文化博览会等多种方式，可以实现文化传承与经济增长的双赢。未来中华水文化在旅游业中将璀璨发展，吸引更多国内外游客来到中国，感受这一独特的文化魅力。

一、江苏宿迁骆马湖旅游度假区的水文化体验式旅游开发

在旅游产业中，体验经济发挥着较为重要的作用，越来越多的旅游者更加青睐于旅游体验，旅游方式也由走马观花式逐渐转向体验享受式，成为现代旅游中较为重要的一部分，为旅游经济的发展提供了有效途径。在千万年的发展中，水与中国历史和传统文化交相辉映，进一步强化骆马湖景区水文化体验式旅游的价值，促进水文化的传播和发展。骆马湖水文化体验式旅游开发策略如下：

（一）确定市场，找准定位

针对宿迁骆马湖景区，开发水文化体验式旅游策略可以从两个角度对其定位，确定旅游开发的需求市场。

第一，从旅游者的需求角度出发，体验式旅游之所以能够快速发展，并受到游客的青睐，最根本原因是满足了游客的个性化需求，因此在宿迁骆马湖旅游景区水文化体验式旅游实际开发中要以本土水文化资源为主，增强体验旅游环节，并将体验旅游市场定位在全省、全国范围内，从而满足不同地区、不同层次游客的需求。

第二，从供给角度出发，骆马湖景区水文化体验式旅游较为丰富，不仅有清新秀丽的自然风光，有淳厚朴实的骆马湖精神。在骆马湖水文化体验式旅游开发的过程中，可以充分利用骆马湖精神，打造独特的水文化特色旅游。

（二）充分挖掘，营造意境

宿迁骆马湖具有较为丰富的自然资源和水文化旅游资源，因此在水文化旅游开发上，可以充分利用骆马湖旅游度假区的水文化，充分发挥水文化旅游开发的深远影响，构建旅游基础设施，引进休闲和娱乐等多样化业态，充分发挥骆马湖自然资源和文化资源的优势，将其打造成为文化和商业相互结合的景区，营造良好的意境，促使其发展成为较为著名的旅游胜地，吸引众多的游客，提高骆马湖旅游度假区的知名度。

第一，"水文化反映着人与水的关系，在信息化的社会中，新媒体对水文化的传播比起传统媒体有着巨大的优势。"[①] 在旅游形象整体定位上，从宣传包装到路线设计全部依托骆马湖水文化来开展，借助新媒体营销等手段吸引周边游客进行游览。要合理规划骆马湖旅游度假区的游览线路，并不断改进和完善游览观光的配套设施，便于游客的自主游览。

第二，开发情景化的旅游开发。体验式旅游开发更加注重感觉体验、情感体验以及创造性认知体验，因此情景化的旅游开发设计所营造出来的氛围较为关键。要在明确水文化主题的基础上，创设水文化下的生态背景，并植入与水文化相关的故事情节，以此来增强水文化的趣味性和主题性，将旅游服务变成一个大舞台，提升游客的参与性和体验感。

第三，充分挖掘与骆马湖相关的名人事迹、音乐、绘画以及雕塑等，通过打造水文化体验式旅游，促使游客进一步感受骆马湖的精神与文化。设置水上游船和湖畔散步路线，让游客近距离欣赏湖景和参观历史遗迹。此外，举办湖畔音乐会和艺术展览活动，也可以吸引更多的游客，使他们沉浸在骆马湖的文化氛围中。

（三）结合需求，增强体验

根据需求层次理论，自我价值实现是继生理、心理等一系列需求满足之后的最终追

---

① 杨亚非. 浅论新媒体对水文化传播的影响 [J]. 新闻前哨，2021，(06)：21-22.

求，在旅游活动中也是一样，游客在满足了基础性的生理需求之后，逐渐向心理需求、尊重、个人价值实现等高层次需求发展。骆马湖旅游度假区在水文化体验式旅游设计开发过程中，要充分结合游客的心理需求，采取创新性设计，增强游客的体验，从而帮助游客实现自我价值，满足最高层次的需求。

骆马湖可以将水文化体验式旅游设计开发分为两部分：一部分为核心景区，以参观和游览为主；另一部分则是体验专区，结合骆马湖的市井文化和历史遗迹设计一系列的参与体验活动，在实践参与和体验的过程中让游客享受快乐和满足，从而能够进一步理解和掌握骆马湖旅游度假区水文化。骆马湖旅游度假区在水文化体验式旅游开发设计的过程中，可以参照洋河酒厂酒文化餐饮体验设计经验，设计出体验感较强的饮食产品，促进水文化的传播和发扬。或者建设水文化主题酒店，将水文化主题酒店建设成为骆马湖旅游度假区的标志性建设。在水文化主题酒店建设的过程中除了基础设施，还要能够满足游客的需求，在保障基本食宿的情况下形成独特的风格。在酒店房间的设计方面，也可以参照骆马湖水文化的发展历程，以水文化形成同一体系、不同特色的酒店房间。在食物的安排上，除了兼顾地方特色，还可以将农家菜肴、主题宴席考虑其中，促使主题酒店作为一项旅游开发来吸引周边的游客，不断提高骆马湖旅游度假区的水文化品牌声誉和形象。

（四）借助技术，提高服务

骆马湖旅游度假区在水文化体验式旅游设计开发的过程中，可以充分利用先进的信息技术和数字化技术。

第一，将现代化的虚拟技术、感应技术以及 3D 技术应用其中，结合应用程序和二维码再现水文化的风采，从而激发游客的主动参与。

第二，游客可以利用现有的 App 对分布在景点各处的二维码进行扫描，以此来获取与骆马湖景区水文化相关的古文化和多元化解说，从而开启智慧旅游，促进游客对水文化多样化的感知，提高骆马湖景区水文化的知名度。

二、环巢湖水文化资源与旅游产业融合发展

巢湖全国五大淡水湖之一，位于皖中地带。随着环巢湖国家级休闲旅游区的打造，合肥旅游标准化城市建设的推进，环巢湖进入旅游发展的黄金时代。目前，借助政策支持，以全新的视野规划水文化资源与旅游产业融合发展切实可行并具有一定的实践价值。

（一）环巢湖水文化资源的开发意义

水不仅是环巢湖地域文化孕育成形和发展变迁的重要生态背景和影响因子，也是巢文

化的重要元素，并渗透在巢湖历史文化和民众生活的诸多层面。环巢湖水文化资源与旅游融合开发意义如下：

1. 整合区域资源，促进合巢联动发展

环巢湖是安徽省中部重要的生态经济区，境内资源丰富。打破了旅游规划的行政壁垒，为环巢湖旅游业发展开辟了新道路。从旅游资源看，合肥是省会，在发展旅游时体现的是都市繁华，而环巢湖拥有丰富的水文化资源，体现了青山绿水、小桥人家的自然风情，两者风格迥异，在发展旅游时可优势互补。

从客源市场看，合肥市本身拥有一个巨大的客源市场，环巢湖虽有丰富的资源，但客源市场不足，而滨湖大道的建设，缩短了合巢空间距离，实现了资源共享，客源共享的理想局面。

2. 有利于弘扬区域特色文化

环巢湖水文化资源的产业化是保护和宣传当地文化的有效方法。旅游活动的本质是由于不同文化传统的人群接触所造就的产物。旅游资源的开发乃至旅游活动的开展也会对社会文化产生影响。

对环巢湖水文化资源开发而言，蕴藏的温泉文化、巢文化、渔文化、水乡文化在旅游规划中起着重要作用，是开发特色旅游开发的重要部分。随着旅游活动的进行，区域特色文化在旅游者之间相互传递，形成良好的文化氛围，有利于树立城市的文化形象，增加旅游目的地吸引力。

3. 有利于提高生态环境的保护意识

环巢湖水文化资源的旅游开发有利于提高人们保护和珍惜自然资源的意识。对环巢湖休闲旅游而言，多种旅游活动依托水而得以开展。

为了促进旅游活动的开展，基础设施和服务设施将不断改善，居民的生活环境也会得到提高，对生态环境的保护起到积极作用，有利于建设一个宜居、宜业、宜游的生态城市。而环巢湖水文化资源的产业化进程是在合理利用资源的基础上进行旅游规划，在很大程度上保护了资源，体现旅游资源的真正价值，使得环巢湖生态文明先行示范区建设更进一步。

4. 有利于环巢湖泛旅游时代产业的重新整合

从全球角度看，多元化和多产业融合的旅游经济已成为市场的主导需求。环巢湖水文化资源的深度开发推动了休闲产业与文化的融合发展，有利于旅游休闲产业与农业、商业、林业、水利、体育、科教等融合发展。

环巢湖水文化资源开发中必然会依托其他相关产业，与多业态融合，进而衍生产业发展、多元文化互动，推动环巢湖水域集观光、游乐、休闲、运动、会议、度假、体验、居住等多种旅游功能在内的泛旅游产业体系的整合。

（二）环巢湖水文化资源与旅游产业融合开发路径

1. 立足区域文化特色，确立主导方向

依托水文化资源进行休闲旅游开发，推动了海边小城镇休闲旅游的迅速发展，进而促进近代以来西方水休闲产业发展。打造环巢湖首个国家旅游公共休闲区，以生态巢湖和人文巢湖为核心，建设具有国际影响力的湖泊休闲度假旅游目的地，这为确立水文化资源的旅游休闲产业主导方向提供现实依据。

立足环巢湖水文化特点，以"大爱成湖，水城一体"为水休闲文化产业品牌标识，加强宣传，挖掘"大爱"水文化本有的人文精神内核，在"水城"建设的基础设施和旅游规划设计中，关注"水元素"与"城精神"的融合。

2. 开发湖河亲水健康游

开拓临水体育健康休闲产品，在积极融入大合肥政策下，帮助旅游者实现临水欣赏巢湖风光的愿望。巢湖市区湖光路为滨湖大道起点，顺着巢湖北面堤岸一直向西，途经中庙，穿越滨湖新区，然后向南，经肥西，过三河、庐江，再将现有的省道利用改造，最终回到起点，形成了围湖"心"形大道，包括绿道和公路道。滨湖大道犹如一串珍珠链，串联起沿线的各个景点，方便游客移步换景，在很大程度上拉动了环巢湖沿岸旅游。

除了滨湖大道以外，物质层水文化资源开发更可让旅巢人与水亲密接触。滨湖新区初步规划了私人游艇码头、公众游艇码头和商务接待码头，市民不仅可以游巢湖，逛三河，等到合裕航道升级畅通后，可从巢湖入长江观赏水上美景。巢湖拥有丰富的鱼类资源和渔文化，举办"开湖节"可吸引众多游客前来感受传统渔民生活艺术与智慧，可举行开湖祭祀民俗文化表演、民歌表演、龙舟表演，组织捕鱼大赛，全民快乐互动。

3. 温泉文化旅游

泉是地下水的天然露头，它不仅美化了大地，还为人们提供了理想的水源。我国温泉开发历史已有上千年，在温泉文化之旅中，线路设计上联合选线，整体促销，加快区域旅游精品热线。例如从生态滨湖、大张圩城市森林公园、中庙、姥山岛、黄麓古镇遗迹、月亮湾湿地公园、龟山广场、紫薇洞景区到半汤国际温泉度假区，形成巢湖一日休闲游，打破以"泡温泉"为核心的单一旅游开发，延长逗留时间，使旅巢人在结束一天的旅游后，

静静地泡在温泉中，缓解一天的疲劳，享受旅游乐趣。开发在主体温泉周边建立"温泉博物馆"，让游客了解温泉的形成历史、保养功能、民间典故等，有助于温泉文化在旅游者之间的传播，形成良好的文化氛围。为了满足旅游者多元性旅游需求，旅游开发商还可结合当下时尚运动的潮流，把瑜伽、健美休闲等运动项目与温泉旅游搭配起来，形成温泉疗养休闲游。

4. 水乡文化生态游

在环巢湖旅游规划中提出了"环湖十二镇"风貌特色建设，不仅优化了乡村旅游的外在风貌，还为发展农家亲水游提供了良好的生态旅游基地。

（1）休闲垂钓游。随着休闲方式的不断改变，休闲垂钓走进了人们的视线。休闲垂钓游可以分为池塘垂钓、游船垂钓和旅游景区垂钓。环巢湖池塘、河流众多，除了农家型生活池塘，还有纳入合肥市"菜篮子工程"的标准养鱼池塘，长临河的渔场，四顶山的垂钓基地等池塘资源，为开发休闲垂钓游提供了可能。可以开展钓鱼、捕鱼等活动和乡村旅游相结合，一边垂钓，一边享受渔家风情。游船垂钓也不再是白日梦，在风和日丽日子里，乘着游船，在宽阔的水域中吹着湖风，远离城市喧嚣，走近慢生活。除此之外，鱼类本身就含有蛋白质等多种营养物质，通过举办鱼美食节，推出美味、营养价值高的鱼类食品，这种旅游模式越来越受游人喜爱。

（2）开展娱疗休闲。鱼疗休闲是一种特殊的美容疗法，主要是通过一些没有牙齿的小鱼来"亲吻"身体，达到缓解疲劳，治疗病痛的效果。鱼疗可以和环巢湖温泉资源相结合。在温泉池中，放入这种亲亲鱼，使游客在感受泉水魅力同时，还可和亲亲鱼嬉戏，增加泡温泉的乐趣。

（3）建立体验型渔业基地。从鱼苗培育到鱼饵料的制作加工/再到饲养以及设施的配备，这些都不是一蹴而就的，有些还需要高科技才能完成。渔业基地建立不仅可以成为环巢湖的旅游景点，还具有很强的科学教育意义。游客来到这里不仅可以观赏到鱼苗培育的过程，给鱼苗喂食或动手参加饵料的制作，激发对养鱼、捕鱼过程认识，增添野趣，还可体味到渔家生活的快乐和艰辛。

5. 开发精神层面水文化资源

（1）将水文化精神元素融入旅游开发中，一方面通过标识在典故发生地有提醒标注，同时，在宣传参与民俗文化和水战文化场景体验时，要从社会学、心理学角度引导游客对水文化正能量的社会认同。

（2）关注水文化的教育意义。淡水是人类和地球生物赖以生存的生命之源，水环境是地球最重要的生态系统，淡水文化体现了人类的思想、智慧与情感，亲水休闲娱乐运动是人们生活中重要的生活方式之一。而当今城市水环境的衰落尤其是淡水资源的利用与污染，城市中的水体、滨水区、河流以及地下蓄水层遭到很大破坏，这也是不争的事实。建议举办世界淡水休闲与保护博览会，引导游客关注"水与生活，水与城市，水与未来"。

随着环巢湖泛旅游时代的到来，政府及相关部门在对水文化资源合理评估基础上，加强新媒体宣传，完善水文化资源开发的基础设施，以环巢湖滨湖游憩带、滨湖大道、环湖廊道和即将规划建设的环湖驿站、环湖 24 个串联景点，利用合巢省道、高铁快速通道进行区域联动，突出大区域、大市场的整体理念，优势互补，在江淮之间形成环巢湖水休闲文化旅游特色增长点。依托环巢湖温泉文化、鱼水文化、湖泊景观和水历史文化的厚度提升旅游产业价值，进而通过旅游进一步扩大"大湖名城"的社会影响力。

三、水文化博览会的建设

水文化与旅游产业的深度融合可以在水文化博览会等活动中实现。水文化博览会是一个集结水文化和旅游产业的展览和活动，旨在推动水文化与旅游的结合，促进相关行业的发展和合作。

（一）水文化博览会的必然性

1. 时代发展新要求的必然产物

新时代"水文化+生态旅游"融合发展必须与国内外市场深度结合，并在内容传播、渠道推广、发展策略等方面不断创新，以适应全球经济一体化发展的内在需求。其中，采取日益盛行的会展博览形式集中展现水文化与生态旅游，既顺应当前经济发展趋势，又与社会发展的新要求相契合。特别是在"一带一路"倡议背景下，应抢抓机遇打造地方特色水文化，采取多元形式推动水文化传播，融合水文化与地方生态旅游产业，扩大水文化产业影响力，将水文化传播融入影视业、出版业、旅游业等相关行业，逐步形成多元化发展态势，使水文化传播、产品推广更加开放。同时及时掌握市场前沿动态，发挥水文化放大效应，使水文化传播富有地域性、时代性和发展性。

2. 水文化产业发展的必然趋势

随着"互联网+"的迅速发展，信息成为文化传播的关键要素。海量的全球市场信息将通过互联网迅速带动水文化和旅游业的广泛传播。具有地方、国家乃至世界影响力的"水文化博览会"，一方面提高了水文化的传播速度和知名度；另一方面能深入挖掘相关行业的发展潜力，带动相关行业和地方经济发展。

水文化博览会主要体现在两点：一是提高水文化融入旅游业的创新能力。充分利用富有本土特色的水生态资源和环境优势，依托天然水景观和历史人文景观，结合地方建设规划和产业园区建设方案，以实现生态、经济、社会效益三者统一为宗旨，打造地方水利工程风景区、特色生态旅游景点，进而形成水文化产业链。二是此次"水文化博览会"一方面搭建行业领域学术、技术等多维度研讨交流平台；另一方面打破行业、地域甚至国家界限，突破思想壁垒，开拓新思路，为打造集"水景观光、休闲度假、运动养身、科普教育"于一体的西部一流水利风景区创造了良好氛围。

3. 更好地推动水文化研究

近年来，经过持续发展，一大批水文化研究人员成长起来，形成了一支庞大的专业研究队伍，研究领域和视野也逐渐扩大，从早期的水利工程、水利遗产等方面扩展到教育学、文学、历史学、社会学、管理学等领域。通过开展水文化和产业博览会，不仅增强学者间的信息交流与沟通，还能为不同学科领域的研究人员搭建一个学习研讨、成果共享的文化交流平台，其形成的部分研究成果对推动水文化及相关产业的持续良性发展也提供了科学参考。

4. 为地方经济发展助添活力

会展经济是以各种形式的会议、展销活动为载体，从而带来经济、社会效益的一种经济活动行为，鉴于其规模大、展示丰富、经济效果明显，已日益成为许多政府部门、行业协会、企业等推广产品的首选。目前，国内会展活动涉及面广，涵盖饮食、房地产、工农业产品、艺术品等领域。开拓思维，探索融合发展模式，重点开展"水文化+旅游"专项会展活动，对会展经济而言，能较好地开拓会展模式，不断丰富会展经济内容。

水文化博览会，以水文化传承为主导，旨在充分发挥水文化带动经济发展的积极作用，突出体现在：①全面系统展现水文化建设、研究、发展等阶段的新成果；②重点展示水生态治理与保护的新成就；③从旅游维度展示水休闲产业的新特色。

（二）水文化博览会的建设路径

水文化博览会展示了举办地区的历史文化、扩大城市宣传、提升城市形象，还为生态旅游业、水利风景区招商引资、水资源开发与保护创建新平台，更为其他拟将地方生态旅游与水文化结合的博览会提供了借鉴。同时该类博览会必须契合新时代要求，跨界、融合、发展、创新将成为未来水文化与生态旅游业发展的关键词。

1. 跨界：多方合作共推发展

为更好地助推生态旅游与水文化博览会的发展，政府及相关部门要强化引导，采用项目运作方式试点开展水文化博览会。政府要鼓励多主体参与，激发水文化、水工程、水生态行业协会的引领作用，举办方可依托会展专业机构进行市场化运作，逐步实现水文化博览与生态旅游跨领域、跨行业的深度融合发展。

（1）发挥地方政府引导作用。文化产业传播不仅能宣传城市文化还可带动城市经济发展。地方政府要充分发挥政策、资金等方面的支持与引导作用，同时对会展博览进行有效监管，打造成区域或专项文化宣传主阵地，实现经济、社会效益双丰收。

（2）发挥科研机构及博物馆辐射带动作用。生态旅游与水文化不仅是单纯的旅游产业、商品展示，而且涉及水文化历史、水生态修复与保护、水利建设等方面。要进一步整合专业资源，鼓励博物馆、相关科研机构的加入，多方联动协作，将丰富经验、专业知识进行渗透与融合。同时全面提高会展博览整体水平，打造成层次高、规模大、专业强的会展博览，吸引相关行业企业人士，扩大会展博览的影响力。

（3）引进专业会展公司参与其中。术业有专攻，由于会展博览工作涉及面广，需要沟通协调的地方较多，单凭一己之力难以胜任。依托会展运营企业或机构，按照会展博览的主题、定位、规模等进行专业化打造，突出做好会展的包装、设计、宣传等工作，使主题更为立体、特色更为鲜明，促使会展博览取得最大影响。

2. 融合：充分利用互联网新媒体

随着互联网技术迅速发展，博览会宣传对互联网的依赖程度越来越高。当前互联网彻底打破了时间和空间限制，信息量大、交互性强、传递更快捷。因此，线上线下交互体验能有效促进参展大众的共鸣，并将逐渐成为博览会的主要方式。充分利用互联网宣传水文化展览会，对传播水文化的应用价值具有极为重要的现实主义。

（1）做好网络宣传与直播。水文化博览会在会前通过地方政府官网、主办承办方官网、新浪网等主流媒体发布活动方案及新闻宣传，为会展正式举办宣传造势并形成了良好氛围。活动期间，通过网络直播、手机小视频等及时发布活动情况，重点宣传水文化生态旅游、水利工程风景、水生态修复、水环境治理、水污染防治等方面信息。借助互联网平台不仅降低前期宣传成本、提升宣传效果，还可打破时间与空间限制，同步向世界直播现场活动，打破了水文化走向世界的时间、空间壁垒。

（2）引入虚拟技术。虚拟技术是采用计算机技术产生逼真的视觉、听觉、触觉一体化的特定范围的虚拟环境，用户可借助特定的设备以自然的方式与虚拟环境中的对象进行交互作用、相互影响，从而产生亲临真实环境的感受和体验。会展重点在于对与水相关的文化、生态、景区等系列展示。然而，不是所有水文化都可在会展现场展示，如都江堰、黄河壶口瀑布、贵州潕阳河等。这种情况可在现场建立虚拟体验区，将著名的水景区、水生态、水工程等展现出来，让参会人员亲身体验，进而扩大水文化博览会的影响力。

（3）线上线下相结合。为最大限度地发挥水文化博览会宣传效果，要将线上宣传和线下展览有效结合起来。线上通过网络媒体、微信、微博发布博览会的时间、地点、主题、展品范围，以及水文化遗产、水利工程遗址等。线下通过视频、展厅、论坛等形式展示水文化魅力。线上线下相结合的方式能更生动、直观、形象地展现水文化。

3. 发展：结合地方文化做好城市营销

当前，高品质建设、高质量发展会为城市建设发展注入新活力，而高品质城市文化是打造城市形象、提升城市经济的重要组成部分。水文化会展作为传播地方文化的重要载体，理应将地方特色文化与相关产业跨界融合共同发展，将地方水文化特色与城市推广有机结合，发挥"1+1>2"的叠加效应，持续促进水文化健康稳步发展。

（1）中小城市发展要做好行业博览。因资源、环境、政策等影响，中小城市经济发展受到一定制约，而行业会展借助互联网平台可提升影响力和扩大辐射范围，冲破时间和空间桎梏，在某种程度上可提升城市知名度和影响力，助力城市转型和地方经济发展。因此，中小城市一方面要深入挖掘地方特色文化，做好城市营销推广，进而带动行业发展；另一方面要做好城市营销移位推广，避免同质化恶性竞争。

（2）做好水文化持续研究与推广。"水文化博览会"的成功举办，在很大程度上与城市长期文化打造和水文化研究息息相关。近年来，四川省加大水文化研究与建设的支持力度，相继成立"水文化研究中心""蜀水文化研究培训基地""大禹研究中心"等科研机构，开展水与人类社会活动关系的交叉学科研究，涌现出一大批研究水文化的专家、学者以及科研成果。这些成果对地方城市文化传播及城市营销具有极大的推动作用。

（3）积极打造水生态旅游项目。树立水文化生态观，发展绿色产业经济，以水文化为切入点，打造水上旅游项目，形成地方民俗特色与水上旅游相嫁接的方式，实现旅游效应最大化，地方经济逐步向绿色生态发展。

第一，思维创新是前提。在创新驱动水文化持续发展升级的进程中，水文化产业能否实现规模化、集约化，前提条件在思维创新。

第二，管理创新是关键。创新驱动水文化持续发展是一项复杂的系统工程，包括理念、方式、技术、制度等多方创新，而管理创新是关键环节。重点在对比分析国内外水文化建设与发展的管理新理念，探索适应新时代的新机制和模式。

第三，技术创新是突破口。无论从文化层面还是经济层面，水文化持续发展的核心竞争在产品，毫无疑问，技术创新是最本质也是最核心的。而思维、管理、制度等创新实际上是基础和保障，最终为技术创新作支撑与服务。

第四，制度创新是保障。推进制度创新，形成水文化建设管理的制度体系是推进水文化持续发展的重要保障。因此，要紧抓制度创新这个根本保障，加强制度的执行力与落实力，确保各项工作和措施落到实处。

参考文献

[1] 蔡梅. 中华水文化教育 [M]. 北京：中国水利水电出版社，2021.

[2] 陈俊杰. 从水管理看中华水文化理念的发展 [J]. 河南水利与南水北调，2021，50（06）：19-20.

[3] 陈勇，梁瑶瑶，王英杰. 基于水文化传承的城市滨水空间设计研究 [J]. 水利规划与设计，2023，（10）：125-128.

[4] 丁秀琴. 以水为媒——绘画艺术中"水"意象探微 [J]. 美术教育研究，2019，（15）：15-17.

[5] 冯时. 茶艺与茶文化 [M]. 武汉：华中科技大学出版社，2022.

[6] 葛荣晋. 做人如水——道家的处世智慧 [J]. 国学，2010，（08）：78-80.

[7] 郭晓辉，单家群，董莲芳，等. 水文化和水生态在河湖湿地建设中的应用分析 [J]. 城市建设理论研究（电子版），2020，（14）：107-108.

[8] 何岩. 浅析书法艺术中的水元素 [J]. 给水排水，2022，58（08）：197-198.

[9] 胡火金. 苏州水文化概论 [M]. 苏州：苏州大学出版社，2022.

[10] 胡琳玉，万成龙. 水之德：基于先秦儒家的学术考察 [J]. 现代交际，2023，（08）：80-87+123.

[11] 贾兵强. 中华水文化信息资源：内涵、特征与核心要义 [J]. 华北水利水电大学学报（社会科学版），2023，39（04）：98-103.

[12] 姜翠玲，严伟，朱立琴，等. 水文化嵌入生态文明建设的实践与探讨 [J]. 水资源保护，2016，32（02）：73-76+86.

[13] 蒋守龙. 水之道，利之端——浅析道家水道观与中国传统社会兴修水利的关系 [J]. 大众文艺，2019，（12）：251-253.

[14] 金绍兵，解清园，蔡志祥，等. 水文化育人实践与思考 [J]. 安徽水利水电职业技术学院学报，2023，23（03）：93-96.

[15] 靳怀堾. 水文化与水利文化 [J]. 山东水利，2023，（09）：4-7.

[16] 李夏鹂. 汉语言文化在中华水文化发展历程中的体现 [J]. 水利水电科技进展, 2021, 41 (05)：101-102.

[17] 李中锋. 以现代出版为载体大力推动中华水文化走出去 [J]. 中国水利, 2018, (01)：62-64+26.

[18] 李敏. 新时代水利精神融入思想政治理论课程教学实践探索——评《中华水文化教育》[J]. 灌溉排水学报, 2022, 41 (05)：158.

[19] 李霄, 闫彦. 浙江水文化传播机制研究 [J]. 浙江水利水电学院学报, 2014, 26 (02)：5.

[20] 刘克金. 水文化遗产的当代价值和保护措施探讨 [J]. 治淮, 2022, (05)：60-61.

[21] 刘明. 从"智者乐水"看先秦儒家的崇水思想 [J]. 华北水利水电学院学报（社科版）, 2009, 25 (02)：79-81+134.

[22] 刘树坤, 白音包力皋, 陈文学. 中华水文化书系水与生态环境 [M]. 北京：中国水利水电出版社, 2015.

[23] 刘燕, 孙小南, 主清华. 计算机网络对茶文化信息资源共享的作用及实践探析 [J]. 福建茶叶, 2021, 43 (02)：14-15.

[24] 罗瑶. 以"水"为脉, 挖掘和传承中华人文阐释模态 [J]. 江西理工大学学报, 2023, 44 (02)：98-104.

[25] 毛素文. 从《中国传统水文化概论》看水文化与中国文学的交融与互动 [J]. 人民黄河, 2023, 45 (08)：172-173.

[26] 聂之璠. 中华水文化在文学作品中的体现研究 [J]. 灌溉排水学报, 2023, 42 (08)：157.

[27] 史鸿文. 论中华水文化精髓的生成逻辑及其发展 [J]. 中州学刊, 2017, (05)：80-84.

[28] 宋绍鹏. 水文化理论与实践文集 [M]. 北京：中国水利水电出版社, 2016.

[29] 孙祯宇. 高职院校水文化教育的创新路径研究——评《中华水文化概论》[J]. 灌溉排水学报, 2022, 41 (01)：155.

[30] 陶钧. 浅谈贵州水文化旅游开发前景 [J]. 现代职业教育, 2021, (27)：190-191.

[31] 涂师平. 中国水文化遗产考略 [M]. 宁波：宁波出版社, 2015.

[32] 涂阳军, 郭永玉. "道"性、"水"性、人性、中国人人格 [J]. 心理学探新, 2011, 31 (04)：291-296.

[33] 王芳, 杨婷婷, 杨建国, 等. 茶文化与茶艺 [M]. 重庆：重庆大学出版社, 2021.

[34] 王立霞. 茶·茶文化·茶文化学：茶的文化史考察 [J]. 农业考古, 2013, （02）: 23-31.

[35] 王敏, 于成宝. 水文化与水科学 [M]. 北京: 地质出版社, 2022.

[36] 王卫国. 水文化建设在水利高质量发展中重任在肩 [J]. 水文化, 2023, （01）: 3-5.

[37] 王心良, 余云涛, 周铭, 等. 建德市重要水文化遗产保护现状、问题与对策 [J]. 浙江水利水电学院学报, 2023, 35 （05）: 23-28.

[38] 王亚敏. 居民幸福背景下的水资源管理模式创新研究 [M]. 长春: 吉林大学出版社, 2019.

[39] 尉天骄. 从水管理看中华水文化理念的发展 [J]. 中国矿业大学学报 （社会科学版）, 2011, 13 （02）: 130-134.

[40] 吴彩虹, 支媛. 谈水书的书法艺术美 [J]. 大舞台, 2012, （12）: 114-115.

[41] 吴雨. 中国古代茶文化 [M]. 北京: 中国商业出版社, 2022.

[42] 武思彤. 中国艺术哲学在水资源保护中的运用 [J]. 水资源保护, 2022, 38 （05）: 213.

[43] 肖冬华. 水文化视域下儒道哲学思想比较研究 [J]. 南昌工程学院学报, 2019, 38 （02）: 31-35.

[44] 谢轶琦, 章金芳. 基于古越文化的首饰类旅游文创产品的开发研究 [J]. 艺术教育, 2023, （07）: 215.

[45] 徐波. 以"水喻"之解读看儒家性善论的多种面向 [J]. 学术月刊, 2017, 49 （10）: 46-54.

[46] 杨亚非. 浅论新媒体对水文化传播的影响 [J]. 新闻前哨, 2021, （06）: 21-22.

[47] 杨昱. 先秦儒道哲学水之形态差异论 [J]. 成都师范学院学报, 2013, 29 （06）: 19.

[48] 袁斐, 王瑄. "一带一路"倡议下中国水文化"走出去"的意义与途径 [J]. 湖北第二师范学院学报, 2023, 40 （09）: 29-32.

[49] 扎西措姆. 文化自信视域下中华水文化的精神内涵及其传承——评《中华水文化概论》[J]. 人民黄河, 2023, 45 （09）: 174.